编委会

海南社会文明发展报告

肖莺子◎主编

人民出版社

目　录

上篇　大数据时代研究海南社会文明的理论

下篇　大数据时代海南社会文明的发展实践

上　篇
大数据时代研究海南社会文明的理论

立足大数据时代，研究社会文明的理论，以及评价社会文明程度（水平）的原则和方法。本篇着重通过对海南社会文明程度的评价，进一步阐释海南的社会文明。

　　社会文明程度的提升是一个过程，为了客观反映不同时期不同阶段海南的社会文明程度，必须充分运用大数据的技术与方法，通过数学建模计算并分析研究海南的社会文明水平。

第一章　大数据时代海南的社会文明

大数据、云计算给我们带来社会文明研究对象、研究能力和研究路径的革命性变革，使我们可能运用数学建模的方法，计算评估海南的社会文明水平。不过，大数据时代对社会文明相关指标数据的比较和跟踪研究，各项指标数据的背后都是相关的文明实践。从这个意义上说，要加强社会文明的实践，在实践中破解新时代社会文明发展中所面对的种种不文明现象，以不断提高海南社会文明程度和市民文明素质。

大数据时代海南的社会文明，不仅以对大数据时代社会文明实践本质特性的把握为基础，还立足大数据时代社会文明实践，在海南的社会文明实践中传承发展中华文明，具体可从以下三个层面来概括："礼：社会文明的新追求""义：社会文明的新诉求""信：社会文明的新基石"。

一、"礼"在海南社会文明的新实践

中华民族的"礼仪"文明，在中国社会的历史演进中，虽然屡遭冲击，但"礼"之文化精神、"礼"之华夏民族情感，本质上并未断裂，尤其是在新时代的社会文明实践中得到了传承和创新。

就海南社会文明大行动开展来看，海南以"争做文明有礼的海南人"主题活动为载体，践行中华民族"礼"之文明本质。

一是不断深化"礼让斑马线"活动。2018年以来，海南省文明办与海南交通部门引导党政机关、企事业单位工作人员和公交车、出租车行业的驾驶员，率先垂范，做"文明礼让斑马线"的实践者。完善道路交通基础设施，设置"礼让斑马线"标识标志，加大机动车不礼让斑马线、电动车（行人）闯红灯等交通违法行为的执法力度，着力规范交通秩序。发展壮大文明劝导志愿者队伍，组织志愿者对车辆不礼让斑马线、行人在斑马线上闯红灯等不文明行为进行劝导。动员广大车辆驾驶员主动"礼让斑马线"，争当海南"好车主"。

二是广泛开展"文明排队"活动。海南省文明办动员各市县在重要时间节点、时段、行业、人群、单位组织开展"排队礼让，做文明使者"系列主题活动，以点带面、全面推进，保持常态长效、久久为功，引导公民养成自觉有序排队的良好习惯，使有序排队、文明礼让成为海南社会文明大行动的新亮点。

三是广泛开展"文明观赏"活动。海南省在海口、三亚、琼海等5座城市先试点，重点围绕文明观演、文明观赛、文明观影等主题，引导各个场馆（影院）制订文明观看守则和公约，并在显要位置张贴展示，演出（播出、比赛）开场之前要反复播音提示，教育引导观众文明观赏、热情观赏、有序观赏。组织开展观赏礼仪座谈会，邀请场馆的观赏礼仪专家、志愿者交流基本礼仪，推送观赏礼仪动画片、书籍等，结合参观场馆、观摩演出、观看比赛等方式，让观众学用结合、养成自觉。

四是广泛开展"文明待客"活动。2018年，海南省结合"百日大招商"和"百万人才进海南行动计划"，广泛开展"文明待客"主题礼仪宣传教育活动，着力提升全省公民的文明待客素养，引导人们热情待客、文明待客，主动为游客提供方便服务，热情耐心帮助游客，积极为他们排忧解难。不断建立完善城市游客咨询中心、集散中心、A级景区等旅游集散场所及旅游志愿服务工作站，常态化组织开展文明旅游引导，让广大游客感受体验海南的人文之美。

五是广泛开展"学礼守礼"活动。针对当前道德领域中的突出问题，结合社会公德、职业道德、家庭美德、个人品德教育，大力宣传普及文明行车、文明乘车、文明走路、文明就餐、文明观赏、爱护公物、保护环境等礼仪知识，提升公民文明礼仪素养。

近两年来，海南围绕"争做文明有礼海南人"的实践，既让中国传统的"主客之礼""饮食之礼""行为之礼"在文明实践中，融入海南市民意识，转化为文明行为；又在新时代海南的社会文明实践中得到了新的提升。"礼让斑马线"成为海南省各市县一道亮丽风景，受到各地游客点赞；"文明餐桌""光盘行动"所反映的"饮食之礼"，已开始成为海南人民的一种自觉行为；尊老爱幼、家庭和睦、邻里团结、讲究卫生、体态端庄、穿着得体等文明礼仪知识，开始深入千家万户、见诸行动。

二、"义"在海南社会文明的新实践

中国传统的"义"文化，在新时代海南的社会文明实践中得到新的升华。

一是海南的"志愿服务行动"，充分展示海南人民"义"的新风尚。志愿服务是民众参与社会生活的一种重要形式，也是现代社会文明进步的主要标志。实践证明，它在帮助个人成长、满足社会需求、引领文明风尚、创新社会治理、加强社会建设等方面发挥着不可替代的作用。党的十八大和十八届三中、四中、五中全会都对志愿服务工作提出了明确要求。党的十八大指出"广泛开展志愿服务"；党的十八届三中全会指出"支持和发展志愿服务组织"；党的十八届五中全会指出"广泛动员社会力量开展志愿服务活动"。

中央领导高度关注志愿服务工作。习近平总书记多次给志愿服务组织回信或批示，提出殷切期望。2015 年 2 月，习近平总书记在接见全国文明城市、文明村镇、文明单位和未成年人思想道德建设先进单位和先进工作者时强调，"人民有信仰，民族有希望，国家有力量"。同年 3 月，植树节期间，习近平总书记在与北京志愿者交流的时候，充分肯定了志愿服务凝聚人心，增强群众主人翁精神的重要意义。

中央文明委于 2014 年 2 月印发了《关于推进志愿服务制度化的意见》。中央文明委 2018 年工作安排，提出了志愿服务制度化要求，即从志愿服务活动的项目化、专业化走向制度化。2015 年 7 月，华夏院建议并指导"诚信海口""公益海口"建设。后来，海口将每年三月第一个周日设为全民公益日，在全市掀起了全民公益热潮，推进志愿服务常态化。志愿服务、公益海口活动，激发了市民参与热情，也提高了创文明城市的知晓度、满意度。

2018年以来，海南社会文明大行动中明确将开展"志愿服务行动"以弘扬中国传统文化，将海南打造成一个"重情""重文"、有人文风情、有社会温度的文明旅游岛。各市县围绕"关爱他人"的主题广泛开展"关爱外来务工人员""关爱留守儿童""关爱孤寡老人""关爱残疾人"；围绕"关爱社会"，开展了"社会文明"文艺汇演进社区、文明交通劝导、"志愿集市""重品行、树形象、做榜样"等志愿服务活动；围绕"关爱自然"，开展了"清洁海滩"、社区环境卫生清理、关爱自然主题宣传、低碳节能微博微信征集等志愿服务活动。志愿服务不仅传递了人与人之间的亲情和爱，还为海南建设中国特色自由贸易港营造了"重义"的社会文明环境。

二是海南的文明实践中心建设。2018年8月以来，按照中央和海南省的部署和要求，海南加快推进建设新时代文明实践中心试点工作。海南新时代文明实践中心成为承载"义"、弘扬"义"精神的平台。

群众在哪里，文明实践就延伸到哪里。着眼于凝聚群众、引导群众，以文化人、成风化俗，海南积极传播新思想，弘扬新风尚，全力将新时代文明实践中心建成百姓家门口的服务中心、慈善中心、信仰中心。2018年以来，海南先后确定了海口的琼山区、美兰区、琼海市、昌江县等七个县（市、区）作为全国新时代文明实践中心建设试点。2019年，海南又确定了三亚、三沙、文昌等16个县（市、区）作为省级文明实践中心建设试点。

海口全面推进新时代文明实践中心建设。一是把新时代文明实践工作作为当前市委的重要中心工作抓紧抓实：成立新时代文明实践工作指导委员会，由市委书记担任主任，人大、政府、政协主要领导和市委常委任副主任，委员会办公室下设综合策划、志愿服务、宣传教育等5个工作组。二是海口成立市新时代文明实践工作专家指导委员会，邀请中国青年志愿者协会、人民日报、新华社、海南大学等单位的专家学者担任顾问，并依托市委党校教研力量，成立市新时代文明实践工作理论研究委员会。三是坚持问题导向、需求导向，先后出台了《海口市新时代文明实践工作指导意见》《关于做好新时代文明实践中心志愿服务工作的指导方案》等5项基础性文件，并制定《海口市志愿服务条例》等。四是海口的琼山、美兰两个试点，通过整合各方平台资源，形成了阵地"版图"：成立新时代文明实践中心2个、实践所11个、实践站138个；按区、镇、村三级组织体系，成立了新时代文明实践中心（所、站）和新时代文明实践志愿服务总队（大队、中队）。下一步，全市四个区43个镇（街）、248个村、207个社区将实现文明实践所、站全覆盖。

同时，积极推进海南省级新时代文明实践中心建设。一是通过理论宣讲文化人。每天通过设在各个村（居）的75个广播设备，将政策理论、法律法规、乡村振兴、农业科技等各类信息播报到辖区广大群众中。小到村里事务，大到国家政策，拉近了党委政府和老百姓的距离。一支支来自本土、扎根群众身边的宣讲志愿服务队，掀起了志愿服务与文明实践活动热潮。琼海、昌江推出的"我是新时代文明实践者"主题宣讲系列活动，招募到的本土志愿者通过播一段微视频、讲一个百姓身边小故事、做一次微宣讲、演一个节目、帮群众圆一个微心愿这样形式新颖的组合式活动，把"大道理"变为"小故事"，把"普通话"变为"家乡话"，让党的创新理论"飞入"寻常百姓家。

二是精准对接群众需求，凝聚群众。儋州市大成镇等开展的"新时代文明实践微实事"活动，更加精准对接群众需求。通过试点辖区15岁以上的居民全民提议、民主协商、全民投票的方式，确定实施一批群众关注度高、受益面广、亟须解决的公共服务项目，项目建设经费全部由政府"买单"。

三是把文明实践落到实处。成风化俗，"大摆宴席、祭拜祖宗、摆宴设酒招待四方来宾……"公期是琼北人民的特色文化传统节日活动。在过去的公期活动中，大操大办、铺张浪费、赌博酗酒等不文明现象屡见不鲜。2018年以来，昌江、临高等省级文明实践中心因地制宜，推出了公期"四盘菜"，即"美食大餐""文化大餐""知识大餐""体育大餐"，以群众喜闻乐见的方式，将新时代文明实践的一席盛宴送到基层并得到农村群众的认可。还推出"新风礼"系列活动，在传统节日或人生重要节点，组织开展拜年礼、孝亲礼、团圆礼、入学礼、成人礼、结婚礼、追思礼等活动，弘扬文明礼仪，树立文明新风。

四是通过"善行义举榜"发掘身边好人，用发现好人、推荐好人、崇尚好人、争做好人，引领社会风尚。时代的进步需要社会文明的引领，需要向上向善的精神力量去推动，而道德模范和身边好人是最直接的载体，他们引领着社会主流价值观走向，为社会主义现代化建设提供强大的精神力量。近年来海南各市县深入实施公民道德建设工程，紧紧围绕培育和践行社会主义核心价值观，以"好人如山·尚德海口"为主题，按照"纵到底、横到边，上下联动、整体推进"的宣传推荐评选方法，广泛开展道德模范、"身边好人"的评选表彰和学习宣传活动，不断建立完善发现好人、宣传好人、学习好人、关爱好人等长效机制，培养和选树了一大批可亲、可敬、可学的道德模范和身边好人，比如，一心为民的好干部、仗义助人的好邻居、默默帮助他人的热心人等，树立起海南新时期好人建设新标杆。如海口有 11 人获得全国道德模范提名奖、33 人获得海南省道德模范称号、168 人获得海口市道德模范称号，其中，31 人被评为"中国好人"，411 人被评为"海口好人"。在精神标杆的示范带动下，传承楷模精神，汲取榜样力量，为海口市的发展提供了强大精神力量和有力道德支撑。

三、"信"在海南社会文明的新实践

（一）推进诚信的制度化建设

2018 年以来，海南贯彻落实国务院《社会信用体系建设规划纲要（2014—2020）》《关于建设完善守信联合激励和失信联合惩戒制度加快推进社会诚信建设的指导意见》以及中央文明委《关于推进诚信建设制度化的意见》的精神，结合海南"诚信践诺行动"的活动，推进海南的诚信制度化建设，增强海南人民的诚信意识，营造人人讲信用、人人守信用的优良信用环境，打造"信用海南"的形象，促进海南经济社会发展，建设令世人瞩目向往的文明和谐宜居的国际旅游岛。

海南从三个方面推进"诚信践诺行动"。一是建立完善诚信奖惩制度。(1)贯彻国务院《社会信用体系建设规划纲要(2014—2020年)》和中央文明委《关于推进诚信建设制度化的意见》,在重点领域建立起信用记录,建设信用信息互联互通、交换共享的平台。(2)落实国务院《关于建立完善守信联合激励和失信联合惩戒制度加快推进社会诚信建设的指导意见》,落实中办、国办《关于加快推进失信被执行人信用监督、警示和惩戒机制建设的意见》,建立健全守信联合激励和失信联合惩戒的联动机制。(3)建立"双公示"(行政许可、行政处罚)"红黑名单"发布制度;健全市县多部门、跨地区、跨行业的守信联合激励和失信联合惩戒机制,按照失信类别和程度,制定行政性、市场性、行业性、社会性的惩戒措施;增加守信红利、提高失信代价。

二是广泛开展诚信宣传教育。(1)媒体积极开展弘扬中华民族"重信守诺"传统美德的宣传活动,普及与市场经济和现代治理相适应的诚信理念、规则意识、契约精神。(2)以"食品安全周""诚信兴商宣传月""3·15"消费者权益日、"6·14信用记录日"等重要时间节点和节假日为载体,开展诚信行业、诚信单位、诚信示范街区、诚信经营示范店等主题实践活动,营造"践诺诚信"社会氛围。

三是完善诚信建设长效机制。(1)建立健全诚实守信典型选树机制,宣传群众身边践诺守信的凡人善举,宣传百年老店,宣传绿色、健康、环保的农产品,宣传靠信誉打造品牌、赢得市场的诚信企业,批评鞭挞失信败德行为。(2)贯彻落实《海南省关于集中治理诚信缺失突出问题提升全社会诚信水平的实施方案》,针对群众反映强烈的电信诈骗、互联网金融诈骗等 19 项诚信缺失突出问题开展集中治理，明确责任单位，列出任务清单，定期督促检查。（3）群众对本县（市）诚信建设的满意度 ≥ 85%。

（二）广泛开展"诚信践诺"活动

2018 年以来，各市县广泛开展"诚信践诺"活动。2019 年 11 月，由共青团海口市委、海口市创建青年文明号活动组委会联合主办的"诚信建设万里行 助力海南自贸区"诚信宣传主题实践活动成功举行，来自海口市机关、企（事）业单位、青年文明号单位、创建集体等 400 余名青年参加。活动现场先后进行了"骑行健走"主题宣传、"讲诚信守信用"签名、"个人信用承诺书"签订、"擦亮青年文明号 助力海南自贸区"青年文明号开放日等形式多样的宣传主题实践活动，帮助广大青年提高对诚实守信的认识，增强讲究诚实守信的思想意识。

在 2019 年 6 月 14 日信用记录关爱日，各市县各部门开展形式各样的诚信建设主题活动。6 月 14 日上午，三亚市在蓝海购物广场开展"推进社会信用体系建设，助力三亚营商环境优化提升"——"6·14信用记录关爱日"暨征信助力小微与民营企业融资发展的主题宣传活动。旨在提高社会信用体系建设的市民知晓率和社会参与度，促进征信知识进企业、征信服务促融资，为优化三亚市营商环境提供良好的信用保障。三亚开展"6·14信用记录关爱日"主题宣传活动，有利于推动更多的人和企业主动关心自己的信用记录，提高社会公众的文明诚信意识，营造"守信者一路绿灯，失信者处处受限"的社会氛围，助力构建法治化、国际化、便利化的营商环境和公平统一高效的市场环境。

海南省第五届省级诚实守信类道德模范、三亚市益龙海景渔村餐饮店总经理黄兆云现场宣读"做诚信三亚人倡议书",号召大家树立诚信意识,遵守诚信规范,共筑诚信三亚,为加快建设海南自由贸易试验区和自由贸易港扛起三亚新担当。参加活动的代表们和市民朋友纷纷响应号召,踊跃在展板的"做诚信三亚人倡议书"上签名,积极参与诚信实践。

（三）诚信践诺的水平

海南的诚信践诺行动要包含社会信用体系建设、诚实守信的宣传教育等测评内容。2018—2019 年,先后共六次社会文明大行动,对各市县诚信践诺水平开展了测评。2018 年第一季度诚信践诺行动得分最高的是海口市和三亚市,为 91.67 分。18 个市县的平均得分为 65.80 分,有 10 个市县处于 70 分以下,测评得分排序见表 1–1。

表 1–1　2018 年第一季度 18 个市县诚信践诺行动得分排序

序号	市县名称	得分
1	海口	91.67
2	三亚	91.67
3	保亭	90.00
4	琼海	90.00
5	乐东	89.84
6	陵水	81.67
7	儋州	81.67
8	昌江	80.50
9	万宁	69.17
10	文昌	68.83
11	屯昌	52.67

序号	市县名称	得分
12	定安	52.50
13	琼中	52.50
14	澄迈	52.34
15	临高	52.16
16	白沙	39.67
17	五指山	39.67
18	东方	32.67

到了 2019 年第一季度，对海南 18 个市县（洋浦经济开发区纳入儋州）"诚信践诺"水平的测评，成绩喜人。

诚信践诺行动得分最高的是"海口市""昌江县""三亚市""儋州市""保亭县""屯昌县""文昌市"，得分均为 86.33 分。18 个市县的平均得分为 82.11 分，无市县处于 70 分以下的较差状态，测评得分排序见表 1-2。

表 1-2　2019 年第一季度 18 个市县诚信践诺行动得分排序

序号	市县名称	得分
1	海口市	86.33
2	昌江县	86.33
3	三亚市	86.33
4	儋州市	86.33
5	保亭县	86.33
6	屯昌县	86.33
7	文昌市	86.33
8	五指山市	83.67
9	临高县	81.67
10	陵水县	81.67
11	琼中县	78.33
12	乐东县	78.33

序号	市县名称	得分
13	万宁市	78.33
14	白沙县	78.33
15	澄迈县	78.33
16	东方市	78.33
17	琼海市	78.33
18	定安县	78.33

本次 18 个市县在"诚信践诺行动"方面表现相对较好，10 个市县达到了 80 分以上较好状态。

不过，到 2019 年第三季度"诚信践诺"的测评，还存在的主要问题是：

一是考察的 18 条商业大街中有 16 条存在无"诚信示范街"、无"诚信示范店"、无诚信相关内容的宣传。

二是有 6 个市县的政务大厅存在无信用信息体系查询系统，或者网络平台无法正常使用，无法查询本市县的"双公示""红黑名单"、联合激励和惩戒机制的问题。

三是群众对各市县诚信建设满意度尚有提升空间，从问卷调查结果看，题目"对本县（市）诚信建设是否满意"，各市县总体满意度为78.84，各市县差异较大，得分最低的保亭县为 60.95，陵水县为 62.90，可见市民群众对本市县诚信建设的成效感受还有较大提升空间。

四是各市县媒体开展"重信守诺"的宣传还不足。材料审核"提供本县（市）媒体开展'重信守诺'宣传的情况"，18 个市县均存在一些问题，反映了对"重信守诺"宣传不到位的现象。

　　2020 年，海南将根据国务院《关于加快推进社会信用体系建设构建以信用为基础的新型监管机制的指导意见》（国办发〔2019〕35 号），推动"诚信践诺"的制度化建设。一方面，要利用大数据、云计算趋势，构建全省"诚信践诺"大数据平台；另一方面，要通过构建"文明交通""文明旅游""城市管理"等信用模块，促进个人和单位的信用信息采集、信用积分，信用的事前、事中、事后监管，"诚信践诺"的专项评估应用以及联合奖惩的制度化机制建设。

第二章　运用大数据评估海南社会文明

大数据时代评估海南"社会文明"的客观水平，以及对 2018 年以来的海南社会文明大行动实践的测评，必须先明确评估和测评的目标、原则和方法，便于客观地评价并反映海南社会文明的水平。

一、海南社会文明研究三大层面的方法

"海南社会文明指数"体系的方法涉及三大层面：一是设计与架构"海南社会文明指数"体系所运用的方法；二是采集"海南社会文明指数"各类数据所运用的方法；三是数据分析处理和研究的方法。

（一）架构"海南社会文明指数"体系的方法

指标的挑选建立在效度、信度和效用等标准之上。

运用聚类分析（把各种指标归类、划分成"群"，通过矩阵重新排列的行和列来揭示不同类指标的相互作用）、路径分析以及因子分析等方法，保证对"海南社会文明指数"体系多变量评估与考量的准确性、合理性。

通过主成分分析，根据"海南社会文明指数"不同指标对提高海南

"社会文明"程度的贡献度，确定每一指标的权重。

（二）采集"海南社会文明指数"各类数据的方法

主要方法是：（1）从每年的《中国统计年鉴》《中国区域经济统计年鉴》《中国文化文物统计年鉴》等十多种年鉴中，收集海南以及各县市相关数据，如"每万人口拥有公交车辆数""城市燃气普及率""每万人口农村宽带接入数"等等，这些指标数据客观、可采集且可常态化的跟踪监测。（2）从国家相关部委网站（如文化旅游部对各省市自治区以及宾馆、景区景点等统计数据）、各省市以及相关城市网站收集相关数据。

（三）海南社会文明大行动的测评方法

一是"网上申报"——各市县根据指标网上申报相关材料。数据有相关文件、图片资料、统计表格和说明报告等。

二是"实地考察"——主要的点位类型：全省的机场、港口、动车站、快速路、城市的主次干道、商业大街，以及旅游饭店、旅游景区、游客公共服务区（如游客购物中心、机场、码头、汽车站、停车场等）。

三是"问卷调查"方法。

（四）数据分析与处理模型

对通过网上申报、实地考察、问卷调查和统计年鉴采集的大量数据，可运用以下方法进行分析与处理。

第一，模糊性指标的处理。在海南社会文明指数体系中，既包括客观的定量指标，又包含个别主观的模糊指标。对于模糊数据，需要进行量化处理，定量数据则完全一样。

第二，数据的无量纲处理。考虑到海南社会文明指数体系中的各种属性指标的单位不同，无法直接进行比较；而且这些不同属性指标对社会文明程度、社会文明特质与走势的影响方向也不相同，有些为正向指标，即该类指标越大，其对海南社会文明的增强作用越大；有些则为反向指标，该类指标值越大，其对海南社会文明的削弱作用越强。所以，需要对现有数据进行无量纲处理，以保证数据之间的可比性。

第三，指标系统的因子分析。因子分析是主成分分析的推广，也是多元统计分析中降维的一种方法。对海南社会文明指数体系的因子分析主要应用在两个方面：一是简化观测系统；二是根据因子得分值，可以对不同指数系统、同一指标在不同时段的得分等进行排序和比较。海南社会文明指标采用因子分析法，利用 SPSS 统计软件，对各指标系统的评价过程进行因子分析，提取主因子，并评价各指数系统对主因子的依赖程度。由此计算得到各因子及各指数系统综合得分。

二、海南社会文明综合指数的计算方法

海南社会文明指数体系由 35 个指标构成，35 个指标在海南社会文明指数体系中具有不同的地位和作用，因此具有不同的权重。在采集 35 个指标的数据后，需计算社会文明综合得分，也称作"社会文明综合指数"得分。海南社会文明综合指数得分，隶属综合指数又有"社会服务文明"和"社会环境文明"指数的得分。社会文明分指数和综合指数的计算方法如下。

（一）运用主成分数学建模计算综合指数

海南社会文明综合指数及其分指数的研究和计算，以对模糊性指标的处理、指数系统的因子分析为基础，主要通过主成分数学建模计算海南社会文明指数的得分。

主成分数学建模的基本思想是：对原来多个变量进行适当的组合，组合成一些指标，用较少的指标来近似代替原来的多个变量。这种由原来多个变量组合而成的指标，就称为主成分数学建模。

主成分是原来各个变量乘以一些系数以后加起来得到的一个指数，各个主成分之间互不相关。为了运用海南社会文明指数衡量海南的社会文明水平，我们对原来多种与社会文明、社会现代化有关的评价指标（即原变量）的实际观测数据进行主成分分析，求出主成分分析的全部计算结果。

（二）比较分析海南社会文明的若干指标

在计算分析海南社会文明综合指数及其分指数的同时，又对指数体系中的若干指标做了比较分析。

1. 人均文化事业费

海南人均文化事业费由 2015 年 63.14 元提高到 2017 年 98.00 元，呈逐年增长的趋势。海南 2017 年人均文化事业费为 98.00 元，远高于同期全国人均文化事业费 61.57 元。如表 2-1、图 2-1 所示。

表 2-1 海南和全国人均文化事业费的比较

	2015 年	2016 年	2017 年
海南人均文化事业费（元）	63.14	76.56	98.00
同比增长（元）		13.42	21.44
同比增长率（%）		21.25	28.00
全国人均文化事业费（元）			61.57

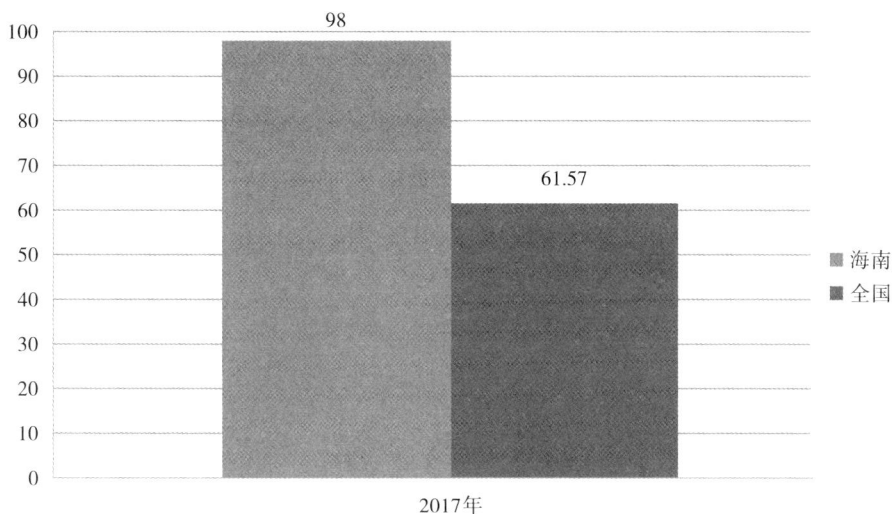

图 2-1 海南和全国人均文化事业费（元）比较

2. 文化事业费占财政支出比重

海南文化事业费占财政支出比重从 2014 年 0.55% 上升到 2017 年为 0.63%，呈现增长的态势。海南 2017 年文化事业费占财政支出比重为 0.63%，与同期全国文化事业费占财政支出比重 0.42% 相比，高 0.21 个百分点。如表 2-2、图 2-2 所示。

表2-2　海南和全国文化事业费占财政支出比重的比较

	2014 年	2015 年	2016 年	2017 年
海南文化事业费占财政支出比重（%）	0.55	0.46	0.51	0.63
同比增长（%）		-0.09	0.05	0.12
同比增长率（%）				
全国文化事业费占财政支出比重（%）			0.41	0.42

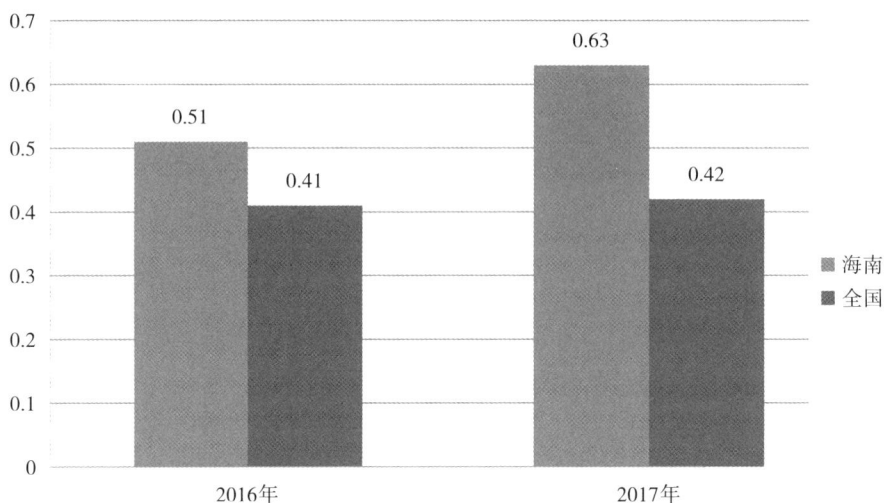

图2-2　海南和全国文化事业费占财政支出比重（%）比较

3. 政府卫生支出占卫生总费用的比重

海南政府卫生支出占卫生总费用的比重从2014年40.29%到2016年38.43%，出现微降。但2016年全国政府卫生支出占卫生总费用的比重为30.01%，海南2016年政府卫生支出占卫生总费用的比重相比较全国的数值高出8.43个百分点。如表2-3、图2-3所示。

表 2-3　海南和全国政府卫生支出占卫生总费用的比重的比较

	2014 年	2015 年	2016 年	2017 年
海南政府卫生支出占卫生总费用的比重（%）	40.29	39.11	38.43	
同比增长（%）		−1.18	−0.68	
同比增长率（%）				
全国政府卫生支出占卫生总费用的比重（%）			30.01	

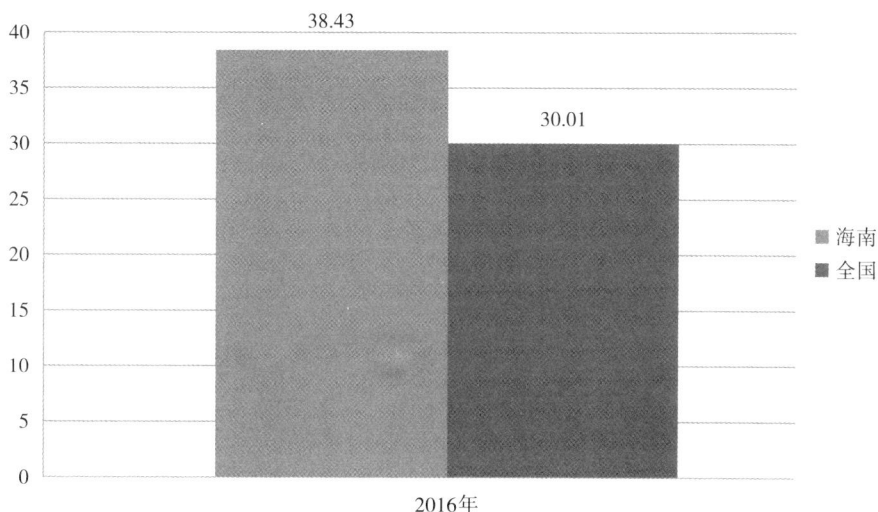

图 2-3　海南和全国政府卫生支出占卫生总费用的比重（%）比较

4. 每万人口农村宽带接入用户数

海南农村宽带接入用户数 2015 年为 42.2 万户，2016 年为 60.2 万户，2017 年为 79.6 万户，逐年增长。每万人口农村宽带接入用户数 2016 年比 2015 年增加 193.26 户，同比增长 41.72%；2017 年比 2016 年增加 203.12 户，同比增长 30.94%。相比较全国每万人口农村宽带接入用户 674.57 户，海南 2017 年高出全国 185.04 户。如表 2-4、图 2-4 所示。

表 2-4　海南和全国每万人口农村宽带接入用户的比较

	2015 年	2016 年	2017 年
海南农村宽带接入用户（万户）	42.2	60.2	79.6
同比增长（万户）		18.0	19.4
同比增长率（％）		42.65	32.23
海南每万人口农村宽带接入用户（户）	463.23	656.49	859.61
同比增长（户）		193.26	203.12
同比增长率（％）		41.72	30.94
全国农村宽带接入用户（万户）	6398.4	7454.0	9377
全国每万人口农村宽带接入用户（户）	460.29	536.23	674.57

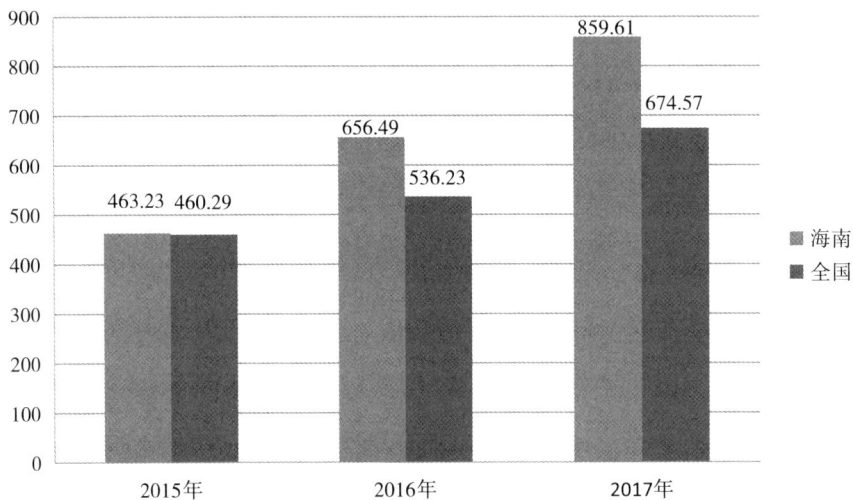

图 2-4　海南和全国每万人口农村宽带接入用户（户）比较

第三章　海南社会文明综合指数

本章着重计算分析海南近 3 年的社会文明综合指数，分析海南社会文明优势。

一、海南社会文明综合指数的评价

为了客观比较分析海南的社会文明程度，本书从 2016 年、2017 年、2018 年《中国统计年鉴》《中国卫生健康统计年鉴》《中国文化文物统计年鉴》等 10 种统计年鉴，以及《海南省"十三五"时期文化发展改革规制纲要》等 10 多个文件中，运用"熵权法"筛选了 35 个指标，构建海南社会文明指数体系见图 3-1。

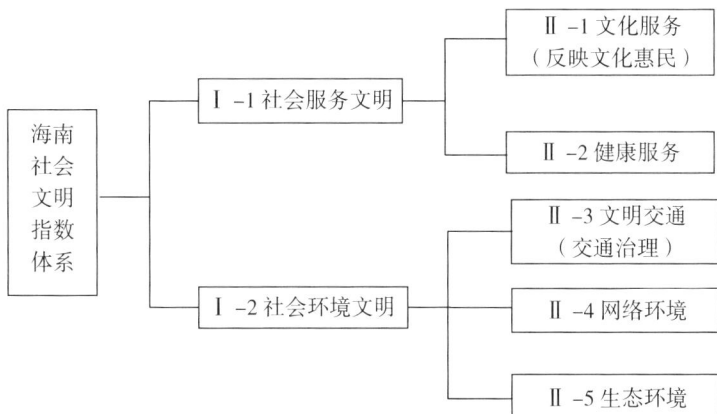

图 3-1　海南社会文明指数体系结构框架

二、海南社会文明综合指数分析

（一）社会文明的一般含义

社会文明指人类社会的开化状态和进步程度，是人类改造客观世界和主观世界所获得的积极成果的总和，是物质文明、政治文明、精神文明、生态文明在社会发展层面的综合反映。因此，社会文明是一个动态的复合概念，它从发展的状态和趋势上反映一个城市、一个地区、一个国家的"文明发展"和社会现代化的水平。所以，对"社会文明"的观察和评估，一方面需要有社会文明发展结果性的指标：本书通过对 35 个指标数据的综合计算分析来体现；另一方面需要有反映一个城市、一个地区社会文明的状态评价。为此，本书通过对海南社会文明大行动的测评反映海南及其 18 个市县的社会文明现状及其进步情况。

海南社会文明综合指数，是围绕海南社会文明评价而设计的反映海南社会文明发展的结果性指标体系。海南社会文明综合指数的指标体系包括社会服务文明和社会环境文明两大部分。社会服务文明包括文化服务和健康服务，下设 15 个子指标。社会环境文明包括文明交通、网络环境、生态环境，下设 20 个子指标。即由 35 个子指标作为海南社会文明综合指数客观评价指标，如图 3-2、图 3-3 所示。

```
                                    ┌─────────────────────────┐
                                    │ 1.人均文化事业费（元）    │
                                    ├─────────────────────────┤
                                    │ 2.文化事业费占财政支出比  │
                                    │   重（%）                 │
                                    ├─────────────────────────┤
                      ┌──────────┐  │ 3.每万人公共图书馆建筑面  │
                      │ Ⅱ-1 文化服务│  │   积（平方米/万人）      │
                      │（反映文化惠民）├──┤                         │
                      │          │  │ 4.每万人拥有群众文化设施  │
                      └──────────┘  │   建筑面积（平方米/万人） │
                                    ├─────────────────────────┤
                                    │ 5.每万人公共图书馆参加讲  │
                                    │   座人次（次/万人）       │
                                    ├─────────────────────────┤
                                    │ 6.每万人群众文化机构培训  │
                                    │   人次（次/万人）         │
                                    └─────────────────────────┘
        ┌────────┐
        │ Ⅰ-1    │
        │ 社会服  │
        │ 务文明  │
        └────────┘
                                    ┌─────────────────────────┐
                                    │ 7.人口平均预期寿命（岁） │
                                    ├─────────────────────────┤
                                    │ 8.人均卫生费用（元/人）  │
                                    ├─────────────────────────┤
                                    │ 9.政府卫生支出占卫生总费  │
                                    │   用的比重（%）           │
                                    ├─────────────────────────┤
                                    │ 10.每万人口全科医生数（人/│
                                    │   万人）                  │
                                    ├─────────────────────────┤
                                    │ 11.每千人口医疗卫生机构床 │
                                    │   位（张/千人）           │
                                    ├─────────────────────────┤
                      ┌──────────┐  │ 12.每千人口执业（助理）医 │
                      │ Ⅱ-2 健康服务├──┤   师数（人/千人）        │
                      └──────────┘  │                         │
                                    ├─────────────────────────┤
                                    │ 13.每千老年人口养老床位   │
                                    │   （张/千人）             │
                                    ├─────────────────────────┤
                                    │ 14.每万人口医疗卫生机构健 │
                                    │   康检查人数（人/万人）   │
                                    ├─────────────────────────┤
                                    │ 15.每万人口公众健康教育活 │
                                    │   动（次/万人）           │
                                    └─────────────────────────┘
```

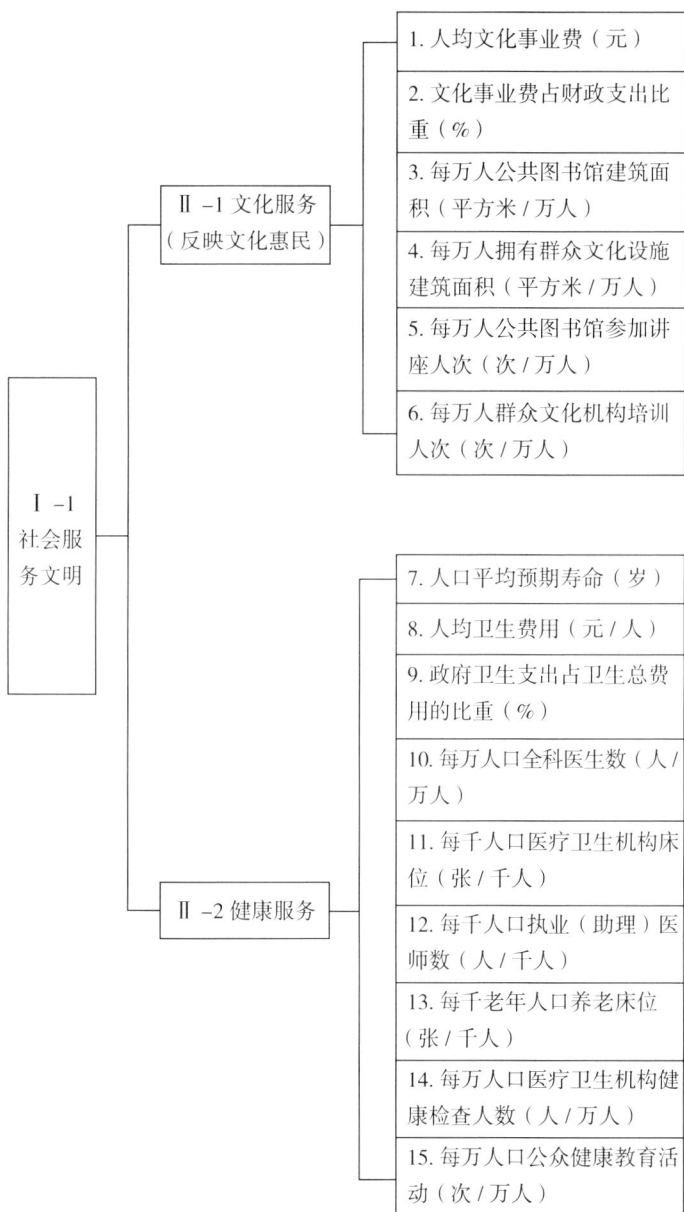

图 3-2　海南社会服务文明指标框架

```
                              ┌─────────────────────────────────────────┐
                              │ 16. 每万人拥有公交车辆数（标台 / 万人）   │
                   ┌────────┐ ├─────────────────────────────────────────┤
                   │ Ⅱ-3   │ │ 17. 每万人口年末公共交通运营数（辆 / 万人）│
                   │ 文明交 ├─┤                                           │
                   │ 通（交 │ ├─────────────────────────────────────────┤
                   │ 通治理）│ │ 18. 每万人口标准运营车数（标台 / 万人）  │
                   └────────┘ ├─────────────────────────────────────────┤
                              │ 19. 每万人口出租汽车数（辆 / 万人）      │
                              └─────────────────────────────────────────┘

                              ┌─────────────────────────────────────────┐
                              │ 20. 每万人口互联网宽带接入用户数         │
                              │ （户 / 万人）                            │
                              ├─────────────────────────────────────────┤
                              │ 21. 每万人口移动互联网用户数（户 / 万人）│
          ┌────────┐         ├─────────────────────────────────────────┤
          │ Ⅰ-2   │ ┌──────┐│ 22. 每万人口互联网上网人数（人 / 万人）  │
          │ 社会   │ │ Ⅱ-4 │├─────────────────────────────────────────┤
          │ 环境   ├─┤ 网络 ├┤ 23. 每万人口城市宽带接入用户数（户 / 万人）│
          │ 文明   │ │ 环境 │├─────────────────────────────────────────┤
          └────────┘ └──────┘│ 24. 每万人口农村宽带接入用户数（户 / 万人）│
                              ├─────────────────────────────────────────┤
                              │ 25. 每万人口家庭宽带接入用户数（户 / 万人）│
                              ├─────────────────────────────────────────┤
                              │ 26. 每万人口单位宽带接入用户数（户 / 万人）│
                              └─────────────────────────────────────────┘

                              ┌─────────────────────────────────────────┐
                              │ 27. 城市燃气普及率（%）                  │
                              ├─────────────────────────────────────────┤
                              │ 28. 生活垃圾无害化处理率（%）            │
                              ├─────────────────────────────────────────┤
                              │ 29. 城市污水处理率（%）                  │
                              ├─────────────────────────────────────────┤
                              │ 30. 万元地区生产总值能耗下降率（%）      │
                   ┌────────┐ ├─────────────────────────────────────────┤
                   │ Ⅱ-5   │ │ 31. 人均公园绿地面积（平方米 / 人）      │
                   │ 生态   ├─┤                                           │
                   │ 环境   │ ├─────────────────────────────────────────┤
                   └────────┘ │ 32. 建成区绿化覆盖率（%）                │
                              ├─────────────────────────────────────────┤
                              │ 33. 湿地总面积占国土面积比重（%）        │
                              ├─────────────────────────────────────────┤
                              │ 34. 每万人拥有公厕（座 / 万人）          │
                              ├─────────────────────────────────────────┤
                              │ 35. 农村无害化卫生厕所普及率（%）        │
                              └─────────────────────────────────────────┘
```

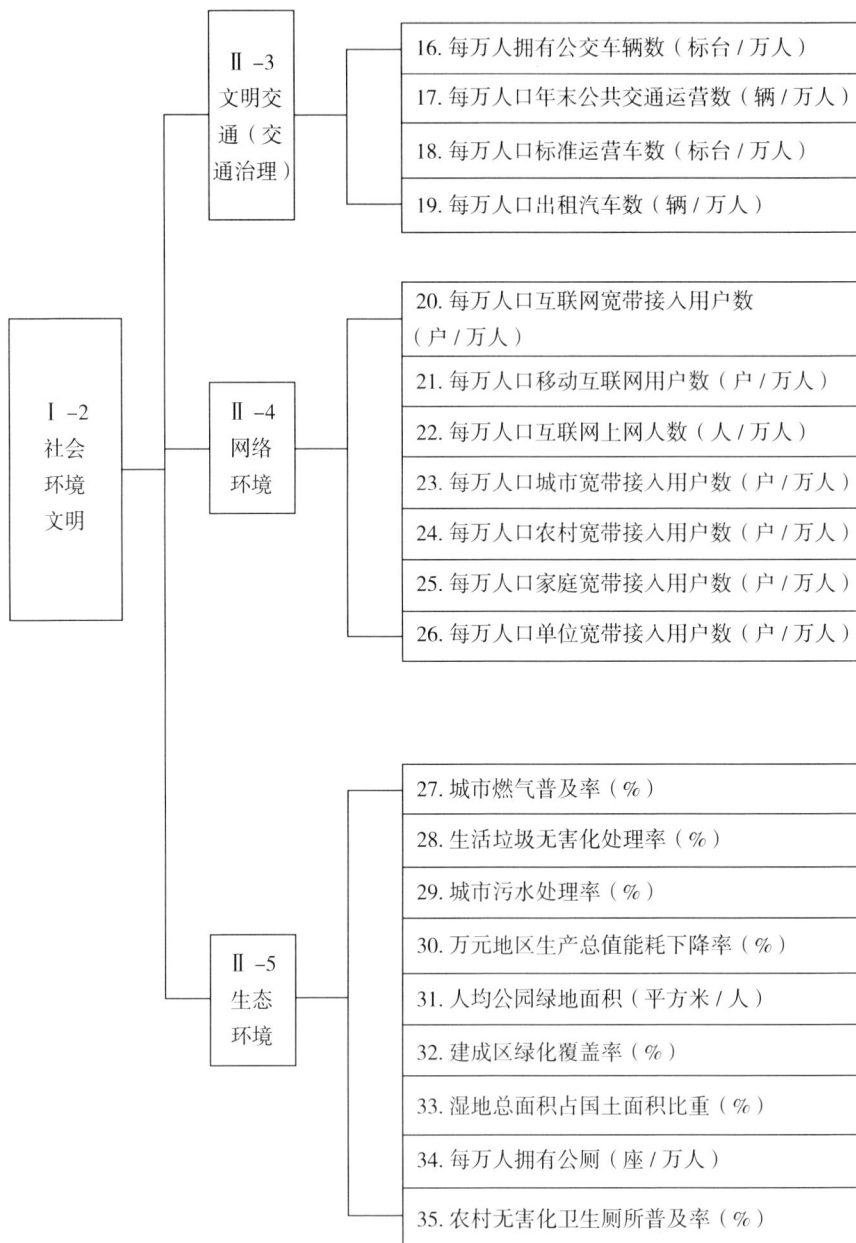

图 3-3　海南社会服务文明指标框架

（二）海南社会文明综合指数得分

海南社会文明综合指数 2015 年为 77.93，2016 年为 78.82，2017 年为 79.36，呈现逐年递增的趋势。

表 3-1　2015—2017 年海南社会文明综合指数得分及进步指数

年份	海南社会文明综合指数得分	海南社会文明综合指数百分制得分	进步指数（相对于 2015 年的增长百分点）
2015 年	619.7082604	77.93	0.00%
2016 年	626.7696009	78.82	1.14%
2017 年	631.0541608	79.36	1.83%
百分标准值	795.2254835	100	

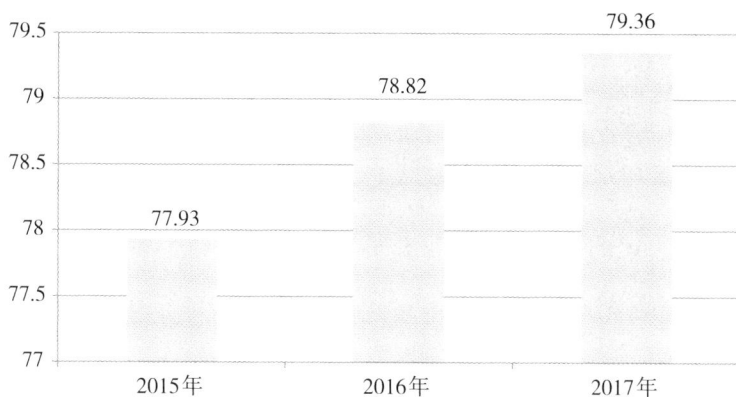

图 3-4　海南社会文明综合指数百分制得分

（三）海南社会文明进步指数

从海南社会文明指数得分看：2016 年比 2015 年进步了 1.14 个百分点；2017 年比 2015 年进步了 1.83 个百分点。

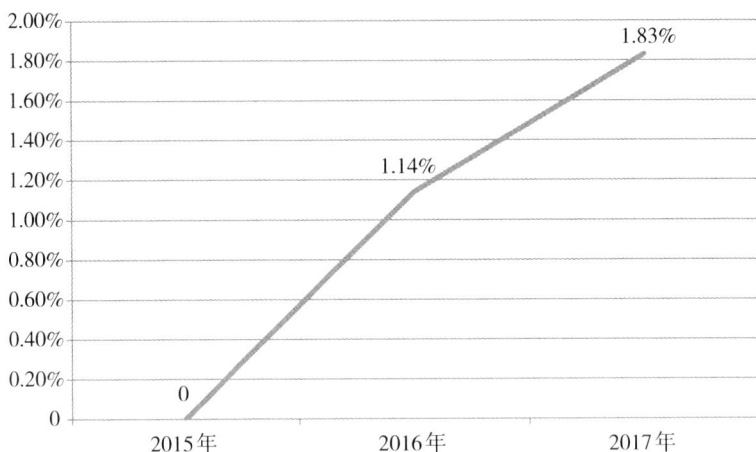

图 3-5　海南社会文明进步指数

三、海南社会文明的优势

在海南社会文明的整体优势还不明显的情况下，着重就海南的生态文明、健康服务、文化惠民方面的优势展开分析。

（一）海南的生态文明的优势

海南生态环境良好。在空间上基于海南的山形水系，以中部山区为核心，以重要湖库为节点，以自然山脊及河流为廊道，以生态岸段和海域为支撑，构建全域生态保育体系，总体形成"生态绿心＋生态廊道＋生态岸段＋生态海域"的生态空间结构。2018 年以来，根据《海南省流域上下游横向生态保护补偿实施方案（试行）》，在赤田水库、南渡江、万泉河、昌化江等流域开展上下游横向生态保护补偿试点，协同推进流域生态环境保护，落实农村人居环境整治。认真落实 2018 年《海南省农村人居环境整治三年行动方案》，生态环境以及农村人居环境不断向上向好。2018 年，全省完成 204 个行政村农村生活污水治理设施建设，166 个行政村正在建设中，农村清扫保洁覆盖率 95% 以上。
尤其是以下四个指标，海南在全国的优势明显。

1. 城市燃气普及率

海南城市燃气普及率 2016 年为 97.3%，全国城市燃气普及率 2016
年为 95.8%，2016 年海南城市燃气普及率比全国城市燃气普及率高 1.5
个百分点。

海南城市燃气普及率 2018 年为 96.74%，全国城市燃气普及率 2018
年为 96.70%，2018 年海南城市燃气普及率比全国城市燃气普及率高出
0.04 个百分点。如表 3-2、图 3-6 所示。

表 3-2　海南与全国城市燃气普及率的比较

	2015 年	2016 年	2018 年
海南城市燃气普及率（%）	97.80	97.30	96.74
同比增长（%）		-0.50	-0.56
全国城市燃气普及率（%）	95.30	95.80	96.70

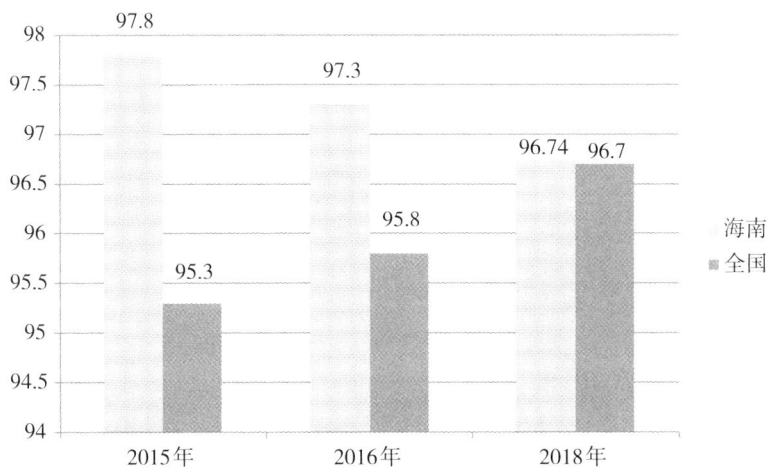

图 3-6　海南与全国城市燃气普及率（%）的比较

2.生活垃圾无害化处理率

海南生活垃圾无害化处理率 2015 年为 99.8%，2016 年为 99.9%，2017 年为 100.0%，呈现稳步增长态势。2016 年海南生活垃圾无害化处理率比全国生活垃圾无害化处理率的 96.6% 高出 3.3 个百分点。

海南生活垃圾无害化处理率 2018 年为 100.0%，与 2017 年持平，相比于同年全国生活垃圾无害化处理率 99.0%，要高出 1.0 个百分点。如表 3-3、图 3-7 所示。

表 3-3　海南与全国生活垃圾处理率的比较

	2015 年	2016 年	2017 年	2018 年
海南生活垃圾无害化处理率（%）	99.80	99.90	100.00	100.00
同比增长（%）		0.10	0.10	0
全国生活垃圾无害化处理率（%）		96.60		99.00

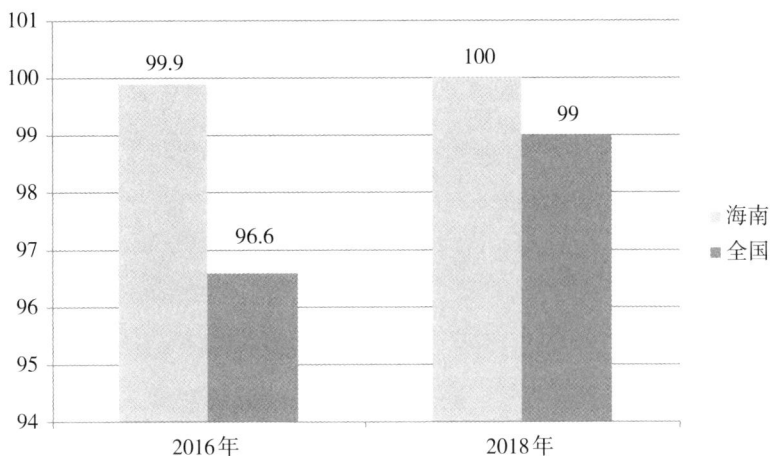

图 3-7　海南与全国生活垃圾无害化处理率（%）的比较

3. 湿地总面积占国土面积比重

海南湿地总面积占国土面积比重 2015 年为 9.14%，2016 年仍为 9.14%，两年持平。2016 年海南湿地总面积占国土面积比重相比较全国湿地总面积占国土面积比重 5.56%，高出 3.58 个百分点。

2018 年海南湿地总面积占国土面积比重仍为 9.14%，与过去持平，2018 年湿地总面积占国土面积比重海南与全国的 5.58% 相比较，高出 3.56 个百分点。如表 3-4、图 3-8 所示。

表 3-4 海南与全国湿地总面积占国土面积比重的比较

	2015 年	2016 年	2018 年
海南湿地总面积占国土面积比重（%）	9.14	9.14	9.14
同比增长（%）		0.00	0.00
全国湿地总面积占国土面积比重（%）		5.56	5.58

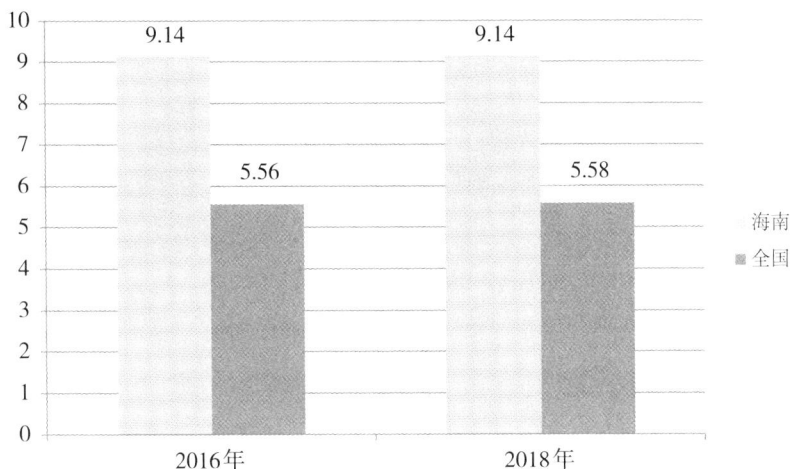

图 3-8 海南与全国湿地总面积占国土面积比重（%）的比较

4.农村无害化卫生厕所普及率

海南农村无害化卫生厕所普及率2016年为78.3%，2017年为85.3%。2017年比2016年提高了7个百分点。与2017年全国农村无害化卫生厕所普及率62.7%相比，海南的农村无害化卫生厕所普及率比全国高出22.6个百分点。如表3-5、图3-9所示。

表3-5　海南与全国农村无害化卫生厕所普及率的比较

	2015年	2016年	2017年
海南农村无害化卫生厕所普及率（%）	81.20	78.30	85.30
同比增长（%）		-2.90	7.00
全国农村无害化卫生厕所普及率（%）	57.50	60.50	62.70

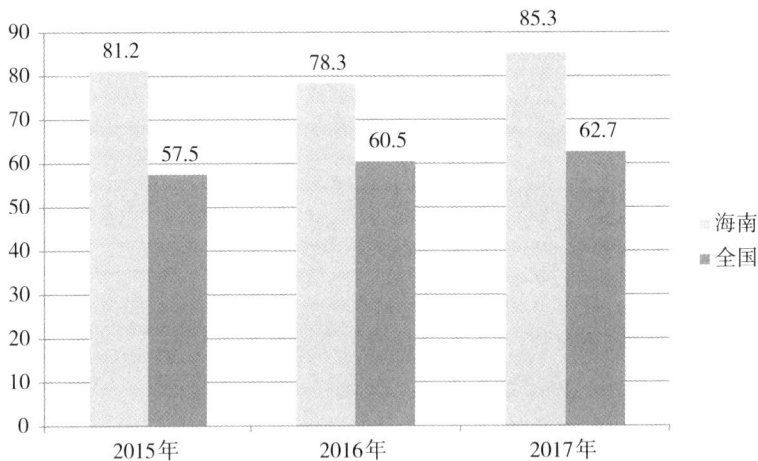

图3-9　海南与全国农村无害化卫生厕所普及率（%）的比较

（二）海南的健康服务的优势

海南积极落实《海南省促进健康服务业发展实施方案（2015—2020年）》，按照高质量发展的要求，抓住"实施健康中国战略"的新机遇，切实保障人民群众基本医疗卫生服务需求，广泛动员社会力量，按照以人为本、统筹推进、政府引导、市场驱动、深化改革、创新发展的原则，鼓励社会办医、加快发展养老护理、中医药医疗保健、健康保险，把深化医改与加快发展健康服务业紧密结合起来，联动发展，互为促进，实现医疗卫生事业和健康服务业全面提升。

1. 健康中国指数得分靠前

根据《健康中国研究报告（2019）》[①]的统计分析，海南省在全国31个省、自治区、直辖市中排在第15名（见表3-6），健康中国指数得分为73.58。

表3-6　中国31个省、自治区、直辖市健康中国指数得分及排序

排名	省、自治区、直辖市	健康中国指数得分	健康中国指数百分制得分
1	上海	16.38747005	83.91
2	浙江	15.78036453	82.35
3	江苏	15.39371519	81.33
4	北京	15.30310713	81.09
5	广东	14.95906027	80.17
6	天津	14.28225141	78.34
7	山东	13.97080149	77.48
8	辽宁	13.42619022	75.96
9	湖北	13.32370262	75.66
10	福建	13.29861275	75.59
11	安徽	13.21273520	75.35
12	河南	12.96329052	74.63
13	河北	12.84690640	74.30
14	江西	12.60746876	73.60
15	海南	12.59797952	73.58
16	湖南	12.39393783	72.98
17	广西	12.35444199	72.86
18	黑龙江	12.29401953	72.68

---

① 鲍宗豪主编：《健康中国研究报告（2019年）》，中国出版集团·东方出版中心2019年版，第24—25页。

续表

排名	省、自治区、直辖市	健康中国指数得分	健康中国指数百分制得分
19	四川	12.15265430	72.26
20	重庆	12.13743553	72.22
21	陕西	11.78255749	71.15
22	吉林	11.71034993	70.94
23	山西	11.26133421	69.56
24	云南	11.25752541	69.55
25	新疆	10.98183072	68.69
26	内蒙古	10.62801227	67.58
27	宁夏	10.62518549	67.57
28	贵州	9.739338411	64.69
29	甘肃	9.336756026	63.34
30	青海	7.095297589	55.22
31	西藏	0.774996342	18.25
全国平均值		12.15739771	71.38
百分标准值		23.27230201	100

2. 健康设施指数在全国得分位列前茅

根据《健康中国研究报告（2019）》[①] 对全国 31 个省、自治区、直辖市的"每万人口医疗卫生机构数""每万人口医疗卫生机构床位数""每千老年人口养老床位数"等 7 个指标数据的综合计算分析，海南在 31 个省、自治区、直辖市健康设施指数得分及排序中，位列第 4 名，得分为 80.04（见表 3-7）。

表 3-7　中国 31 个省、自治区、直辖市健康设施指数得分及排序

排名	省、自治区、直辖市	健康设施指数得分	健康设施指数百分制得分
1	上海	10.58073827	83.54
2	天津	10.16587694	81.89
3	广东	9.934294707	80.95

---

① 鲍宗豪主编：《健康中国研究报告（2019 年）》，中国出版集团·东方出版中心 2019 年版，第 38—39 页。

续表

排名	省、自治区、直辖市	健康设施指数得分	健康设施指数百分制得分
4	海南	9.710390490	80.04
5	安徽	9.707064064	80.02
6	江苏	8.970841148	76.93
7	福建	8.808662151	76.23
8	江西	8.636200004	75.48
9	河南	8.536182649	75.04
10	云南	8.436767634	74.60
11	广西	8.280215307	73.91
12	浙江	8.230985458	73.69
13	河北	7.970725254	72.51
14	山东	7.829739351	71.87
15	湖北	7.699643056	71.27
16	宁夏	7.471005327	70.20
17	黑龙江	7.341577680	69.59
18	吉林	7.221844511	69.02
19	北京	6.936802298	67.65
20	贵州	6.897939556	67.46
21	辽宁	6.884578774	67.39
22	湖南	6.763598948	66.80
23	陕西	6.556066607	65.76
24	山西	6.363140224	64.79
25	新疆	6.033370966	63.09
26	西藏	5.672962488	61.17
27	重庆	5.651253688	61.06
28	四川	5.567628533	60.60
29	甘肃	5.506930662	60.27
30	青海	5.133890295	58.19
31	内蒙古	4.129545320	52.19
全国平均值		7.536466528	70.10
百分标准值		15.15918769	100

3. 医疗开支占 GDP 比重（%）①

海南的医疗开支占 GDP 比重（%）在 31 个省、自治区、直辖市中排在第 6 名为 2.854%（见表 3-8）。

表 3-8　中国 31 个省、自治区、直辖市医疗开支占 GDP 比重

排名	省、自治区、直辖市	医疗开支占 GDP 比重（%）
1	西藏	7.155
2	青海	4.770
3	甘肃	3.877
4	云南	3.340
5	贵州	3.221
6	海南	2.854
7	宁夏	2.845
8	广西	2.766
9	江西	2.462
10	新疆	2.451
11	四川	2.248
12	安徽	2.212
13	山西	2.069
14	内蒙古	2.010
15	陕西	1.910
16	河南	1.878
17	黑龙江	1.869
18	吉林	1.868
18	重庆	1.821
20	河北	1.779
21	湖北	1.733
22	湖南	1.728
23	北京	1.527
24	广东	1.458
25	辽宁	1.438

① 鲍宗豪主编：《健康中国研究报告（2019 年）》，中国出版集团·东方出版中心 2019 年版，第 81 页。

排名	省、自治区、直辖市	医疗开支占GDP比重（%）
26	上海	1.346
27	福建	1.306
28	山东	1.142
29	浙江	1.128
30	天津	0.982
31	江苏	0.919

4.政府卫生支出占卫生总费用的比重

海南政府卫生支出占卫生总费用的比重2014年为40.29%，2016年为38.43%，下降了1.86个百分点。但2016年全国政府卫生支出占卫生总费用的比重为30.01%，海南2016年的政府卫生支出占卫生总费用的比重还是比全国的数值高出8.42个百分点。

2017年海南政府卫生支出占卫生总费用的比重为35.03%，比2016年又下降了3.4个百分点。2017年全国政府卫生支出占卫生总费用的比重为28.91%，海南2017年政府卫生支出占卫生总费用的比重与全国相比高出6.12个百分点。如表3-9、图3-10所示。

表3-9 海南与全国政府卫生支出占卫生总费用的比重的比较

	2014年	2015年	2016年	2017年
海南政府卫生支出占卫生总费用的比重（%）	40.29	39.11	38.43	35.03
同比增长（%）		−1.18	−0.68	−3.4
全国政府卫生支出占卫生总费用的比重（%）			30.01	28.91

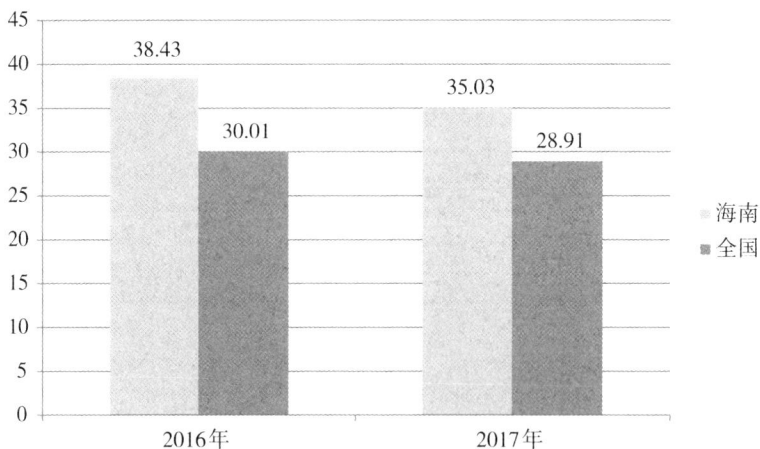

图 3-10　海南与全国政府卫生支出占卫生总费用的比重（％）的比较

（三）海南的文化服务惠民的优势

海南积极落实《海南省"十三五"时期文化发展改革规划纲要》（以下简称《规划纲要》），推动文化发展改革取得新成效。根据《〈海南省"十三五"时期文化发展改革规划纲要〉中期评估报告》显示，《规划纲要》21 项重要举措均已落地见效或正在推进中，100 个工作项目启动推进率 99％，已完成或部分完成项目占 90％ 以上。截至 2019 年 4 月底，海南省文化产业发展专项资金累计拨付 6.9 亿多元，支持文化产业项目 469 个。

海南文化服务中的人均文化事业费、文化事业费占财政支出比重、每万人口移动互联网用户数、每万人口农村宽带接入用户数、每万人口单位宽带接入用户数逐年增长，都高于全国平均水平。

1. 人均文化事业费

海南人均文化事业费由 2015 年的 63.14 元提高到 2017 年的 98.00 元，

呈逐年增长的趋势。海南 2017 年人均文化事业费为 98.00 元，远高于同期全国人均文化事业费 61.57 元，比全国高出 36.43 元。如表 3-10、图 3-11 所示。

表 3-10　海南与全国人均文化事业费的比较

	2015 年	2016 年	2017 年
海南人均文化事业费（元）	63.14	76.56	98.00
同比增长（元）		13.42	21.44
同比增长率（%）		21.25	28.00
全国人均文化事业费（元）			61.57

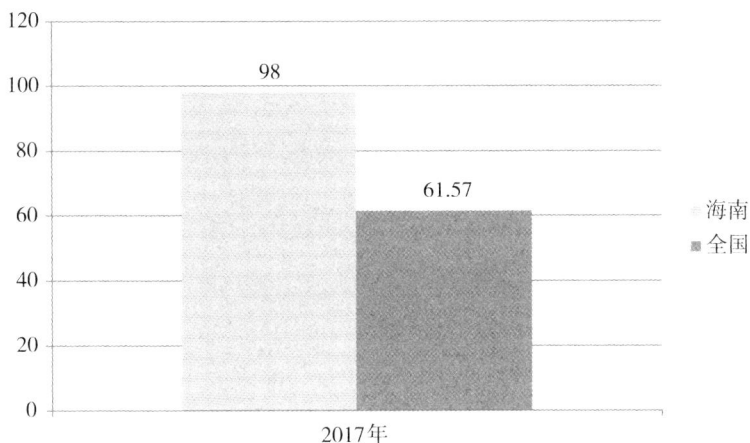

图 3-11　海南与全国人均文化事业费（元）的比较

2. 文化事业费占财政支出比重

海南文化事业费占财政支出比重从 2014 年 0.55% 上升到 2017 年为 0.63%，3 年增长了 0.08 个百分点。

海南 2017 年文化事业费占财政支出比重为 0.63%，与同期全国文化事业费占财政支出比重 0.42% 相比，高 0.21 个百分点。如表 3-11、图 3-12 所示。

表 3-11　海南与全国文化事业费占财政支出比重的比较

	2014 年	2015 年	2016 年	2017 年
海南文化事业费占财政支出比重（%）	0.55	0.46	0.51	0.63
同比增长（%）		-0.09	0.05	0.12
全国文化事业费占财政支出比重（%）			0.41	0.42

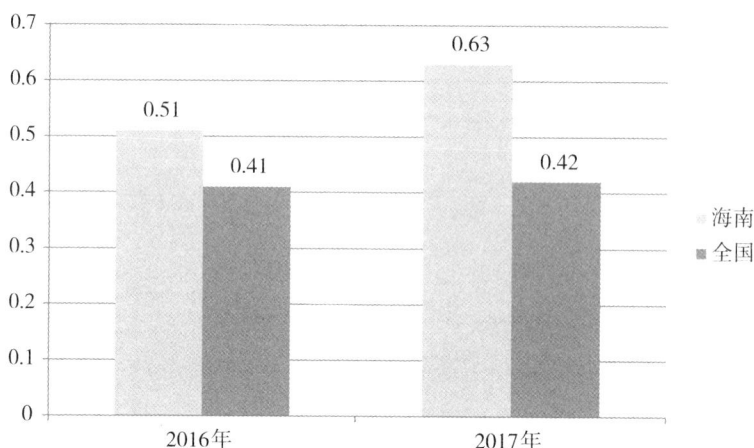

图 3-12　海南与全国文化事业费占财政支出比重（%）的比较

3. 每万人口移动互联网用户数

海南移动互联网用户从 2015 年的 783.0 万户增长到 2017 年 911.7 万户。每万人口移动互联网用户数 2016 年比 2015 年增长 310.18 户，同比增长 3.61%；2017 年比 2016 年增长 940.44 户，同比增长 10.56%。呈现逐年递增的趋势。2016 年与全国每万人口移动互联网用户数相比，海南每万人口移动互联网用户数高于全国 1035.43 户。

2018 年海南移动互联网用户为 914.0 万户，每万人口移动互联网用户数为 9785.87 户。2018 年全国每万人移动互联网用户数为 9135.97 户，海南每万人口移动互联网用户数高于全国 649.9 户。如表 3-12、图 3-13 所示。

表 3-12　海南与全国每万人口移动互联网用户数的比较

	2015 年	2016 年	2017 年	2018 年
海南移动互联网用户（万户）	783.00	816.60	911.70	914.00
同比增长（万户）		33.60	95.10	2.30
同比增长率（％）		4.29	11.65	0.25
海南每万人口移动互联网用户（户）	8594.95	8905.13	9845.57	9785.87
同比增长（户）		310.18	940.44	−59.70
同比增长率（％）		3.61	10.56	−0.61
全国移动互联网用户（万户）	96447.20	109395.00		
全国每万人口移动互联网用户（户）	6938.25	7869.70		9135.97

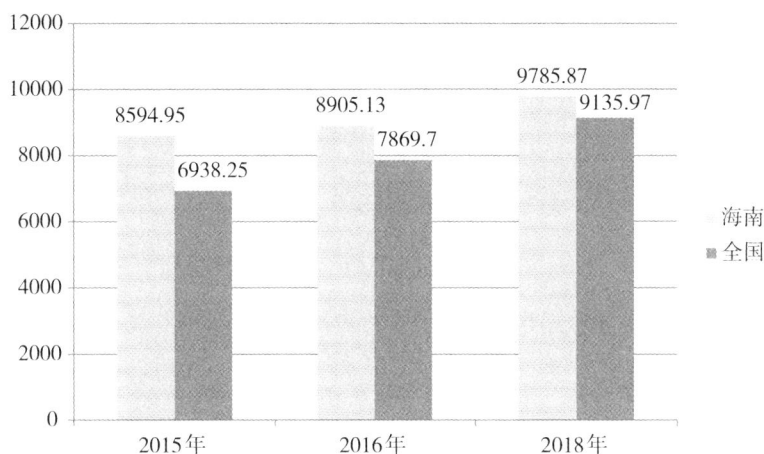

图 3-13　海南与全国每万人口移动互联网用户数（户）的比较

4. 每万人口农村宽带接入用户数

海南农村宽带接入用户数 2015 年为 42.2 万户，2016 年为 60.2 万户，2017 年为 79.6 万户，逐年增长。每万人口农村宽带接入用户数 2016 年比 2015 年增加 193.26 户，同比增长 41.72%；2017 年比 2016 年增加 203.12 户，同比增长 30.94%。

2017 年全国每万人口农村宽带接入用户 674.57 户，海南高出全国

185.04 户。

2018 年海南农村宽带接入用户数为 82.6 万户，每万人口农村宽带接入用户数为 884.37 户。2018 年全国每万人口农村宽带接入用户为 841.47 户，海南高出全国 42.9 户。如表 3-13、图 3-14 所示。

表 3-13　海南与全国每万人口农村宽带接入用户数的比较

	2015 年	2016 年	2017 年	2018 年
海南农村宽带接入用户（万户）	42.20	60.20	79.60	82.60
同比增长（万户）		18.00	19.40	3.00
同比增长率（%）		42.65	32.23	3.80
海南每万人口农村宽带接入用户（户）	463.23	656.49	859.61	884.37
同比增长（户）		193.26	203.12	24.76
同比增长率（%）		41.72	30.94	2.90
全国农村宽带接入用户（万户）	6398.40	7454.00	9377	
全国每万人口农村宽带接入用户（户）	460.29	536.23	674.57	841.47

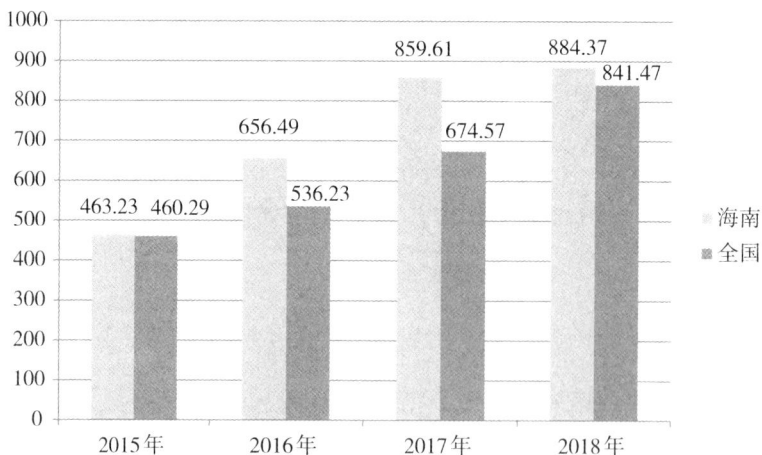

图 3-14　海南与全国每万人口农村宽带接入用户（户）的比较

5. 每万人口单位宽带接入用户数

海南单位宽带接入用户数 2015 年为 27.1 万户，2016 年为 35.0 万户，

2017 年为 40.7 万户，逐年递增。每万人口单位宽带接入用户数 2016 年比 2015 年增长 84.2 户，同比增长 28.30%；2017 年比 2016 年增长 57.84 户，同比增长 15.15%。

2016 年全国每万人口单位宽带接入用户数 344.87 户，海南 2016 年每万人口单位宽带接入用户数为 381.68 户，高于全国 36.81 户。如表 3-14、图 3-15 所示。

表 3-14 海南与全国每万人口单位宽带接入用户数的比较

	2015 年	2016 年	2017 年
海南单位宽带接入用户数（万户）	27.10	35.00	40.70
同比增长（万户）		7.90	5. 70
同比增长率（%）		29.15	16.29
海南每万人口单位宽带接入用户数（户）	297.48	381.68	439.52
同比增长（户）		84.20	57.84
同比增长率（%）		28.30	15.15
全国单位宽带接入用户数（万户）	4230.20	4793.90	
全国每万人口单位宽带接入用户数（户）	304.31	344.87	

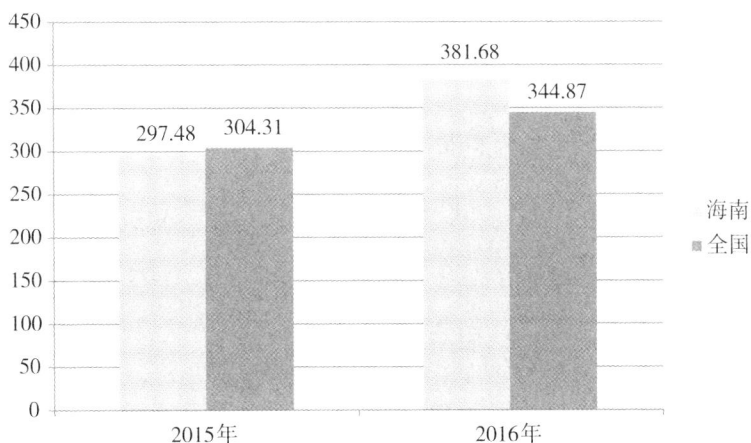

图 3-15 海南与全国每万人口单位宽带接入用户数（户）的比较

第四章　海南社会服务文明指数

　　海南社会服务文明包括文化服务和健康服务 2 大项、15 个子指标。其中，文化服务包括人均文化事业费、文化事业费占财政支出比重、每万人公共图书馆建筑面积等 6 个指标；健康服务包括人口平均预期寿命、人均卫生费用、政府卫生支出占卫生总费用的比重、每万人口全科医生数等 9 个指标。海南社会服务文明指数以"集约化"的方式反映社会服务文明的水平。社会服务文明指数的水平得分，通过主成分数学建模，将以上 15 个具有逻辑关联的指标数据综合计算后获得。

一、海南社会服务文明指数及进步指数

（一）海南社会服务文明指数得分

　　海南社会服务文明指数百分制得分，2015 年为 75.60，2016 年为78.63，2017 年为 80.53，服务文明指数得分逐年增长。如表 4-1、图 4-1、图 4-2 所示。

表 4-1 2015—2017 年海南社会服务文明指数得分及进步指数

年份	海南社会 服务文明指数得分	海南社会 服务文明指数百分制得分	进步指数 （相对于 2015 年的增长百分点）
2015	116.4993039	75.60	0.00%
2016	121.1613379	78.63	4.00%
2017	124.0943618	80.53	6.52%
百分标准值	154.1002209	100	

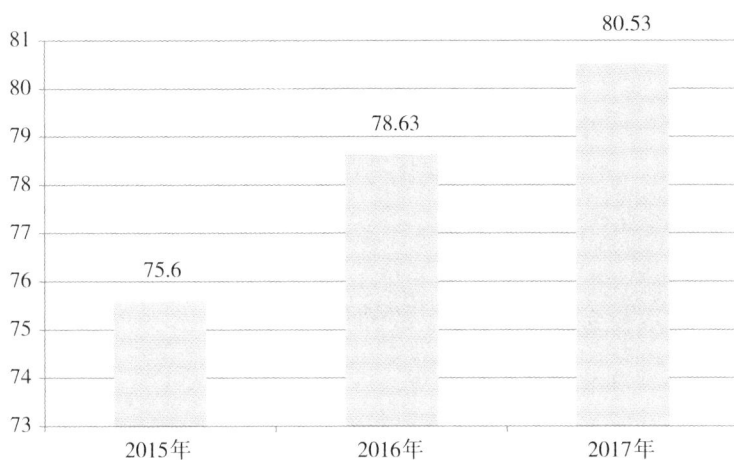

图 4-1 海南社会服务文明指数百分制得分

（二）海南社会服务文明进步指数

从海南社会服务文明指数得分看：2016 年比 2015 年进步了 4.00 个百分点；2017 年比 2015 年进步了 6.52 个百分点。

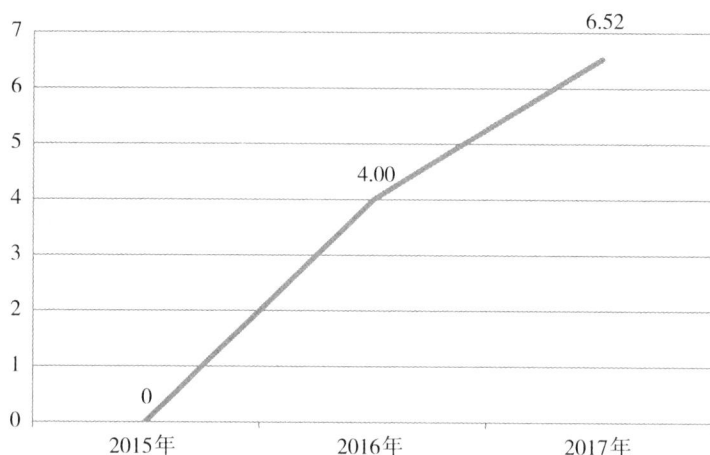

图 4-2　海南社会服务文明进步指数

二、海南社会服务文明指数的优势与短板

（一）公共文化服务持续增强

1. 每万人公共图书馆建筑面积逐年增长

依据《2018 中国文化文物统计年鉴》，海南每万人公共图书馆建筑面积，2015 年为 88.5 平方米，2016 年为 90.6 平方米，2017 年为 90.7 平方米，呈逐年增长态势。

其中，2016 年比 2015 年增长 2.1 平方米，增长 2.37 个百分点；2017 年比 2016 年增长 0.1 平方米，增长 0.11 个百分点。如表 4-2、图 4-3、图 4-4 所示。

表 4-2　海南每万人公共图书馆建筑面积

	2015 年	2016 年	2017 年
每万人公共图书馆建筑面积（平方米）	88.50	90.60	90.70
同比增长（平方米）		2.10	0.10
同比增长率（%）		2.37	0.11

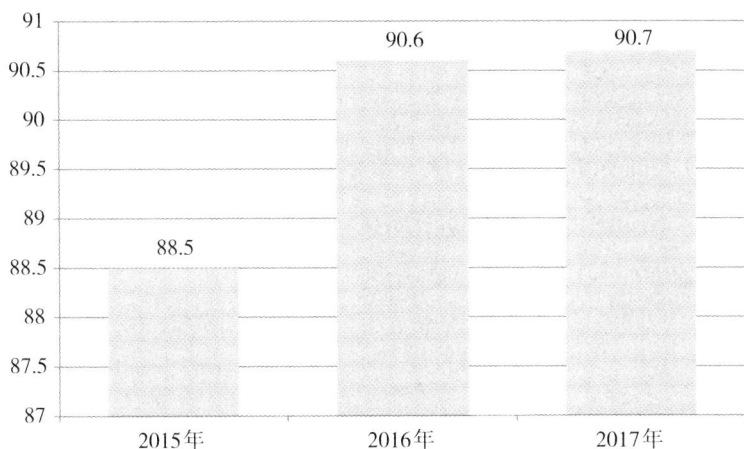

图 4-3　海南每万人公共图书馆建筑面积（平方米）

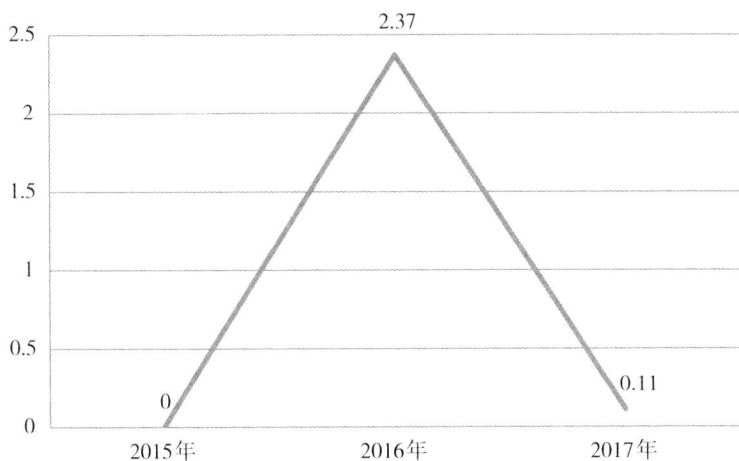

图 4-4　海南每万人公共图书馆建筑面积同比增长率（%）

截至 2017 年，中国每万人公共图书馆建筑面积为 109 平方米。《"十三五"时期全国公共图书馆事业发展规划》中明确：到 2020 年，中国将实现每万人公共图书馆建筑面积 110 平方米。

而海南省每万人公共图书馆建筑面积 2017 年为 90.7 平方米，与全国每万人公共图书馆建筑面积 109 平方米相比较，还有 18.3 平方米的差距。

2. 每万人拥有群众文化设施建筑面积呈现增长

依据《2018 中国文化文物统计年鉴》，海南每万人拥有群众文化设施建筑面积 2015 年为 117.8 平方米，2016 年为 119.3 平方米，2017 年为 135.5 平方米，整体呈现增长趋势。

其中 2016 年比 2015 年增长 1.5 平方米，增长 1.27 个百分点；2017 年比 2016 年增长 16.2 平方米，增长 13.58 个百分点。如表 4-3、图 4-5、图 4-6 所示。

表 4-3　海南每万人拥有群众文化设施建筑面积

	2015 年	2016 年	2017 年
每万人拥有群众文化设施建筑面积（平方米）	117.80	119.30	135.50
同比增长（平方米）		1.50	16.20
同比增长率（%）		1.27	13.58

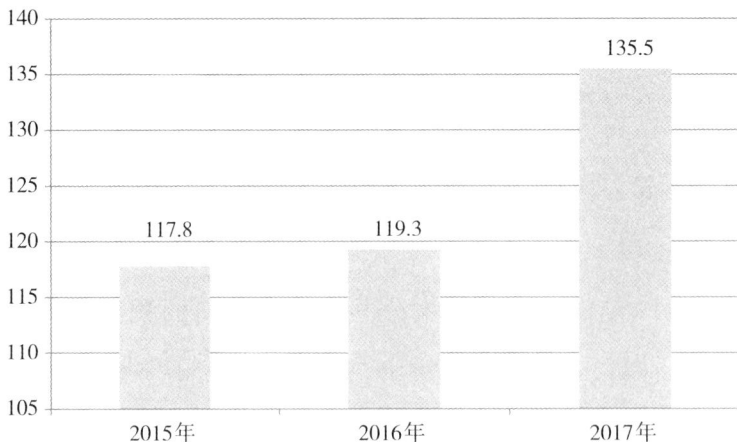

图 4-5　海南每万人拥有群众文化设施建筑面积（平方米）

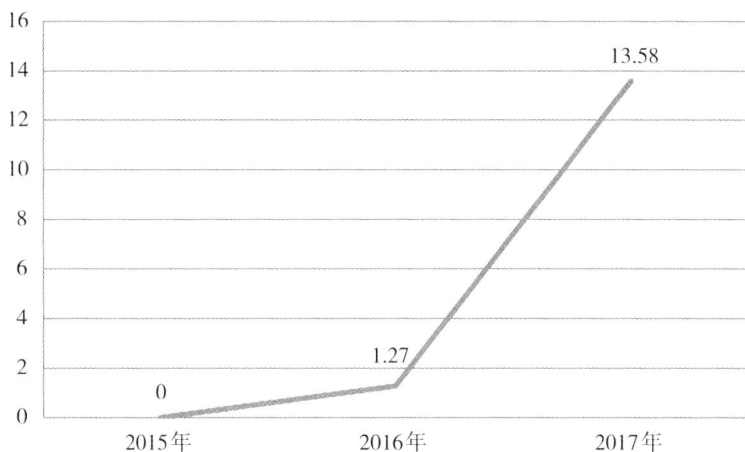

图 4-6 海南每万人拥有群众文化设施建筑面积同比增长率（%）

《中华人民共和国文化和旅游部 2017 年文化发展统计公报》表明：年末全国平均每万人群众文化设施建筑面积为 295.44 平方米，比上年末提高 6.80 平方米。海南 2017 年每万人拥有群众文化设施建筑面积 135.5 平方米，与全国平均每万人群众文化设施建筑面积 295.44 平方米相差 159.94 平方米，差距比较大，需要尽快提高。

3. 每万人公共图书馆参加讲座人次逐年增长

依据《2018 中国文化文物统计年鉴》，海南公共图书馆参加讲座人次 2015 年为 3.52 万人次，2016 年为 3.79 万人次，2017 年为 5.15 万人次，呈逐年增长态势。

每万人公共图书馆参加讲座人次，2016 年比 2015 年增长 2.69 人次，增长 6.96 个百分点；2017 年比 2016 年增长 14.29 人次，增长 34.58 个百分点。如表 4-4、图 4-7、图 4-8、图 4-9 所示。

表 4-4　海南每万人公共图书馆参加讲座人次

	2015 年	2016 年	2017 年
公共图书馆参加讲座人次（万人次）	3.52	3.79	5.15
同比增长（万人次）		0.27	1.36
同比增长率（%）		7.67	35.88
每万人公共图书馆参加讲座人次（人次）	38.64	41.33	55.62
同比增长（人次）		2.69	14.29
同比增长率（%）		6.96	34.58

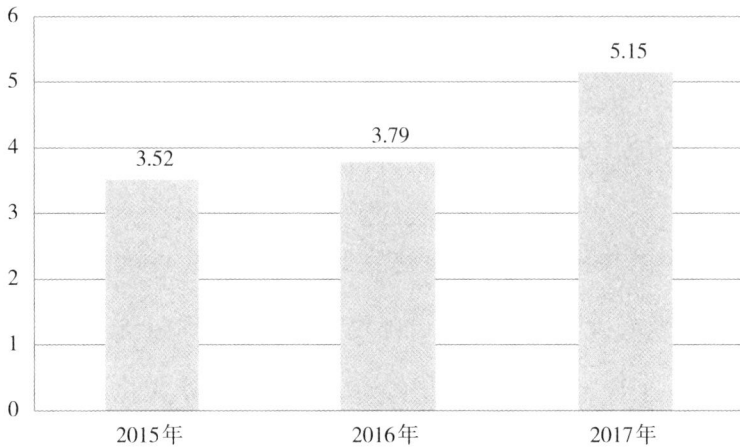

图 4-7　海南公共图书馆参加讲座人次（万人次）

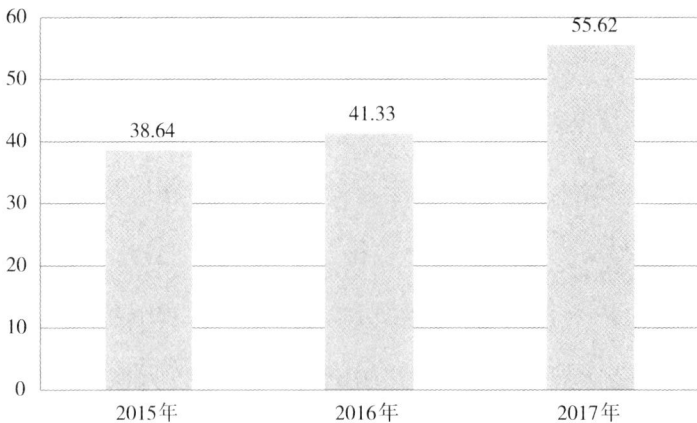

图 4-8　海南每万人公共图书馆参加讲座人次（人次）

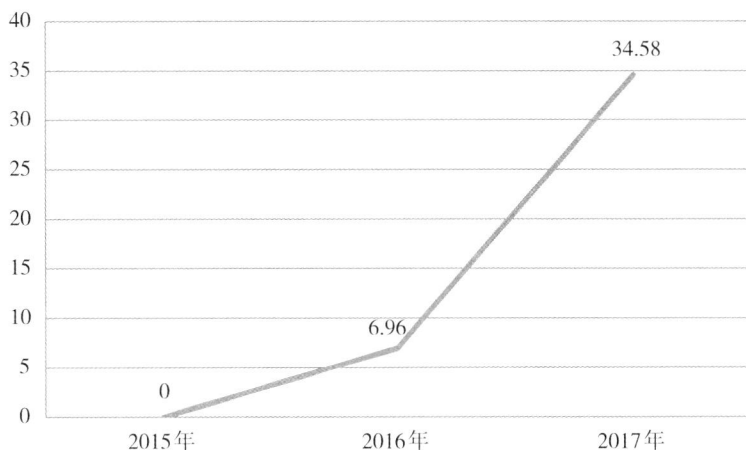

图 4-9　海南每万人公共图书馆参加讲座人次同比增长率（%）

2017 年全国公共图书馆参加讲座 1254.34 万人次，全国每万人公共图书馆参加讲座 0.009 万人次，海南每万人公共图书馆参加讲座 2017 年 0.006 万人次，与全国相比较相差 0.003 万人次。

4. 每万人群众文化机构培训人次先增长后降低

依据《2016 中国文化及相关产业统计年鉴》《2017 中国文化及相关产业统计年鉴》，海南群众文化机构培训人次 2015 年为 19.7 万人次，2016 年为 20.1 万人次，同比增长 0.4 万人次，增长 2.03 个百分点。2017 年为 18.6 万人次，减少 1.5 万人次，降低 7.46 个百分点。

每万人群众文化机构培训人次 2015 年为 216.25 人次，2016 年为 219.19 人次，2017 年为 200.86 人次。2016 年同比增长 2.94 人次，增长 1.36 个百分点；2017 年同比降低 18.33 人次，降低 8.36 个百分点。如表 4-5、图 4-10、图 4-11、图 4-12 所示。

表4-5　海南每万人群众文化机构培训人次

	2015 年	2016 年	2017 年
群众文化机构培训人次（万人次）	19.70	20.10	18.60
同比增长（万人次）		0.40	−1.50
同比增长率（%）		2.03	−7.46
每万人群众文化机构培训人次（人次）	216.25	219.19	200.86
同比增长（人次）		2.94	−18.33
同比增长率（%）		1.36	−8.36

图 4-10　海南群众文化机构培训人次（万人次）

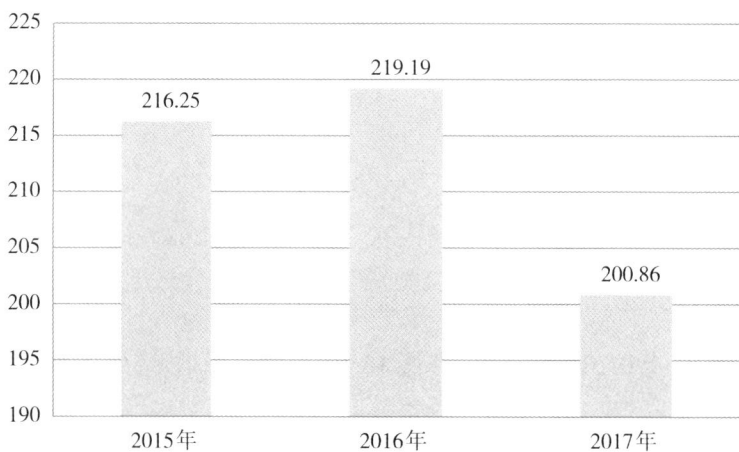

图 4-11　海南每万人群众文化机构培训人次（人次）

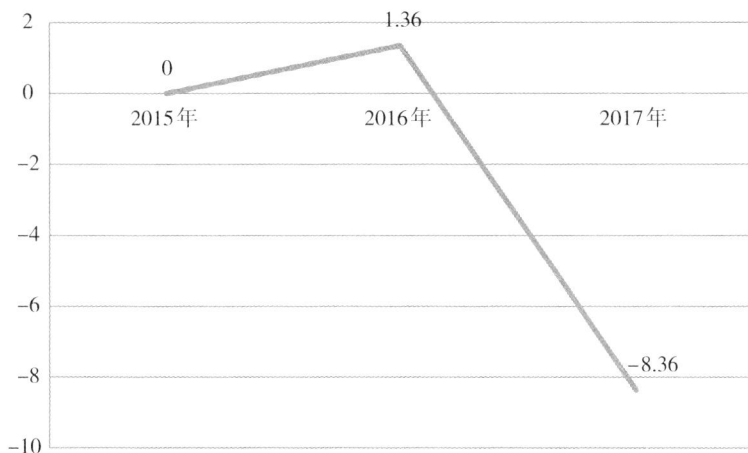

图 4-12　海南每万人群众文化机构培训人次同比增长率（%）

（二）健康服务不断提升

1. 人口平均预期寿命向好

2015 年海南人口平均预期寿命为 77.01 岁，2017 年海南的人口平均预期寿命为 76.30 岁，并且女性平均预期寿命比男性平均预期寿命高出 7 岁。如表 4-6、图 4-13 所示。

表 4-6　海南人口平均预期寿命

	2015 年	2016 年	2017 年
人口平均预期寿命（岁）	77.01		76.30
同比增长（岁）			−0.71

值得注意的是：2017 年海南的人口平均预期寿命比 2015 年下降了 0.71 岁。人口平均预期寿命是联合国人文指数 5 个指标中关键的一个指标。该指标综合反映一个城市、一个地区、一个国家的健康和发展水平。海南该指标的下降，要分析海南 2017 年期间的经济社会发展以及卫生和健康事业情况，找到原因。

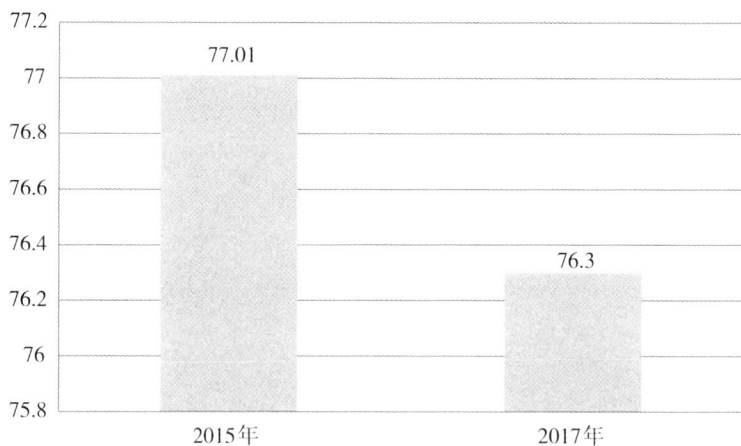

图 4-13　海南人口平均预期寿命（岁）

2015 年全国人口平均预期寿命为 76.34 岁，2016 年全国人口平均预期寿命为 76.50 岁，2017 年人口平均预期寿命为 76.7 岁，呈现逐年递增态势。2017 年海南的人口平均预期寿命为 76.30 岁，相比较全国的 76.70 岁相差 0.40 岁，还不到全国预期寿命的平均水平。

2.人均卫生费用保持稳步增长

依据《2018 中国卫生健康统计年鉴》，海南 2014 年人均卫生费用为 2442.50 元，2015 年为 2883.25 元，2016 年为 3306.78 元，2017 年为 3991.16 元，保持稳步增长。

其中，2015 年人均卫生费用比 2014 年增长 440.75 元，增长 18.05 个百分点；2016 年比 2015 年人均卫生费用增长 423.53 元，增长 14.69 个百分点；2017 年比 2016 年人均卫生费用增长 684.38 元，增长 21.00 个百分点。如表 4-7、图 4-14、图 4-15 所示。

表 4-7　海南人均卫生费用

	2014 年	2015 年	2016 年	2017 年
人均卫生费用（元 / 人）	2442.50	2883.25	3306.78	3991.16
同比增长（元 / 人）		440.75	423.53	684.38
同比增长率（%）		18.05	14.69	21.00

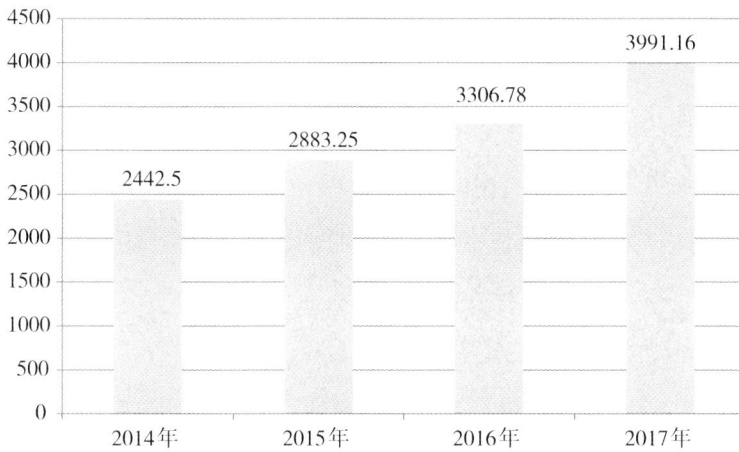

图 4-14　海南人均卫生费用（元）

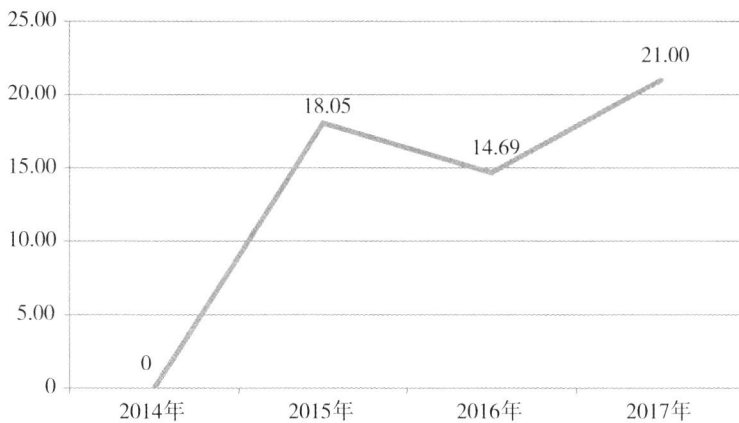

图 4-15　海南人均卫生费用同比增长率（%）

我国人均卫生费用 2016 年为 3351.7 元，2017 年为 3783.83 元。2017 年海南的人均卫生费用与全国相比差 207.33 元。

3. 每万人口全科医生数总体呈现增长但略有下降

依据《2018 中国卫生健康统计年鉴》，海南每万人口全科医生数 2014 年为 0.96 人，2015 年为 1.08 人，2016 年为 1.22 人，2017 年为 1.18 人。

2015 年比 2014 年增加 0.12 人，增长 12.50 个百分点；2016 年比 2015 年增加 0.14 人，增长 12.96 个百分点；2017 年比 2016 年减少 0.04 人，下降 3.28 个百分点。由此可知，海南每万人口全科医生数总体呈现增长，但是 2017 年略有下降。如表 4-8、图 4-16、图 4-17 所示。

表 4-8　海南每万人口全科医生数

	2014 年	2015 年	2016 年	2017 年
每万人口全科医生数（人）	0.96	1.08	1.22	1.18
同比增长（人）		0.12	0.14	−0.04
同比增长率（%）		12.50	12.96	−3.28

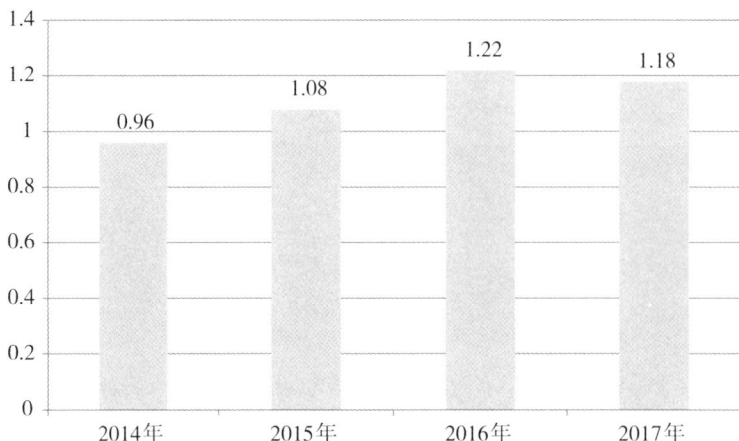

图 4-16　海南每万人口全科医生数（人）

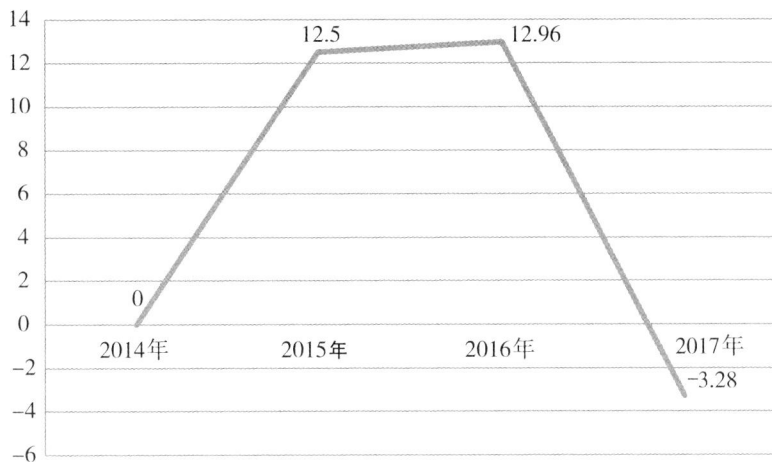

图 4-17 海南每万人口全科医生数同比增长率（%）

截至 2017 年年底，我国培训合格的全科医生已达 25.3 万人，每万人口拥有全科医生 1.8 人，5 年来全科医生总人数增长了 1 倍。而海南省共有全科医生 1094 名，每万名城乡人口仅拥有 1.22 名全科医生，距离全国每万人口拥有全科医生相差 0.58 人，海南每万人口全科医生数处于全国平均水平以下。[①] 距离 2020 年每万名城乡居民有 2—3 名全科医生的目标至少缺口 900 多人，离 2030 年每万名城乡居民有 5 名全科医生的目标缺口 2900 人。

4. 每千人口医疗卫生机构床位稳步增长

依据《中国统计年鉴》，海南每千人口医疗卫生机构床位 2015 年为 4.25 张，2016 年为 4.40 张，2017 年为 4.53 张，2018 年为 4.80 张。

---

① 《健康"守门人"的尴尬：海南每万名城乡人口仅拥有 1.18 名全科医生》，《南国都市报》2018 年 10 月 8 日。

海南每千人口医疗卫生机构床位 2016 年比 2015 年多 0.15 张，增长 3.53 个百分点；2017 年比 2016 年多 0.13 张，增长 2.95 个百分点；2018 年比 2017 年多 0.27 张，增长 6.00 个百分点，呈现稳步增长态势。如表 4-9、图 4-18、图 4-19 所示。

表 4-9　海南每千人口医疗卫生机构床位

	2015 年	2016 年	2017 年	2018 年
每千人口医疗卫生机构床位（张）	4.25	4.40	4.53	4.80
同比增长（张）		0.15	0.13	0.27
同比增长率（%）		3.53	2.95	6.00

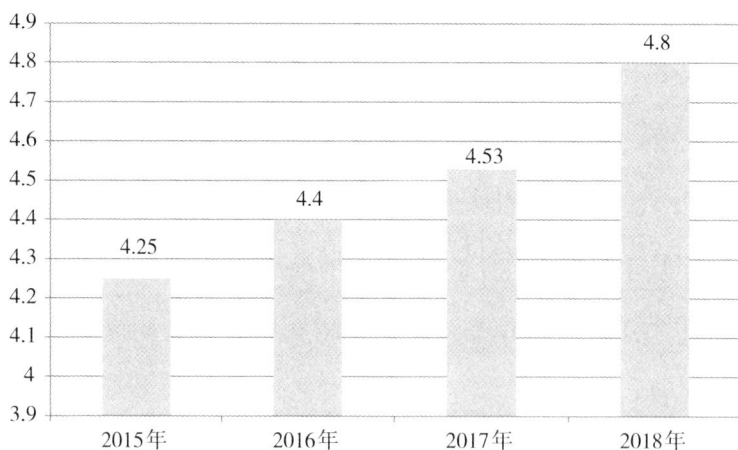

图 4-18　海南每千人口医疗卫生机构床位（张）

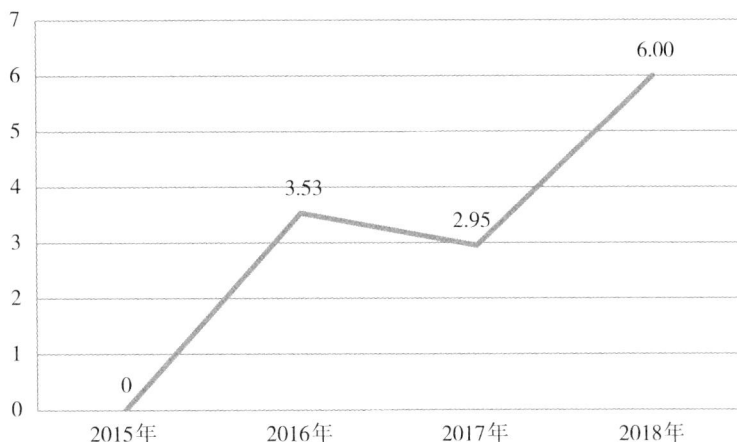

图 4-19　海南每千人口医疗卫生机构床位同比增长率（%）

全国每千人口医疗卫生机构床位数 2017 年为 5.72 张，2018 年为 6.03 张。海南每千人口医疗卫生机构床位 2018 年为 4.80 张，相比较全国的 6.03 张相差 1.23 张，需要提高。

5. 每千人口执业医师稳步增长

依据《中国统计年鉴》，海南每千人口执业医师 2015 年为 2.10 人，2016 年为 2.17 人，2017 年为 2.24 人，2018 年为 2.39 人。

2016 年比 2015 年增长 0.07 人，增长 3.33 个百分点；2017 年比 2016 年增长 0.07 人，增长 3.23 个百分点；2018 年比 2017 年增长 0.15 人，增长 6.70 个百分点，呈现稳步增长态势。如表 4-10、图 4-20、图 4-21 所示。

表 4-10　海南每千人口执业医师

	2015 年	2016 年	2017 年	2018 年
每千人口执业（助理）医师（人）	2.10	2.17	2.24	2.39
同比增长（人）		0.07	0.07	0.15
同比增长率（%）		3.33	3.23	6.70

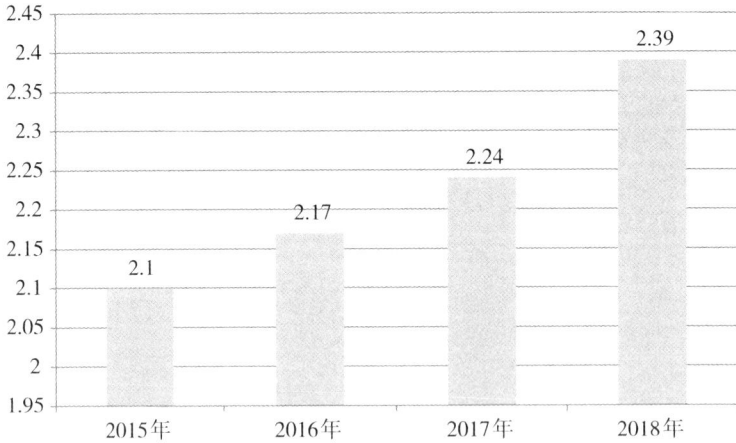

图 4-20　海南每千人口执业（助理）医师（人）

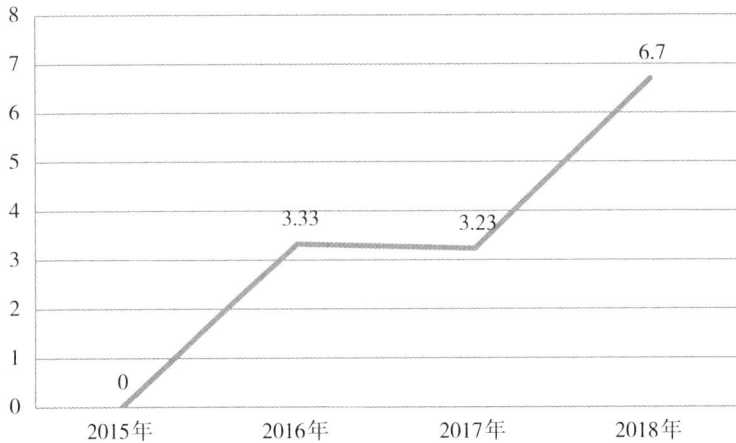

图 4-21　海南每千人口执业（助理）医师同比增长率（%）

2017 年年底，全国每千人口执业（助理）医师数达到 2.44 人。2018 年，我国每千人口执业（助理）医师数为 2.59 人（德国、奥地利等发达国家超过 4 人）。① 海南相对全国每千人口执业（助理）医师数

① 《2018 年底中国医师数量达到 360.7 万农村每千人口医师数 1.8 人仅为城市 45%》，2019 年 4 月 22 日，见 www.med66.com。

达到 2.59 人的标准相差 0.20 人，需要进一步提升。

6. 每千老年人口养老床位整体稳步增长

依据《中国统计年鉴》，海南每千老年人口养老床位 2015 年为 17.65 张，2016 年为 18.02 张，2017 年为 18.26 张。

2016 年海南每千老年人口养老床位比 2015 年增长 0.37 张，增长 2.10 个百分点；2017 年海南每千老年人口养老床位比 2016 年增长 0.24 张，增长 1.33 个百分点。整体稳步增长。如表 4-11、图 4-22、图 4-23 所示。

表 4-11　海南每千老年人口养老床位

	2015 年	2016 年	2017 年
每千老年人口养老床位（张）	17.65	18.02	18.26
同比增长（张）		0.37	0.24
同比增长率（%）		2.10	1.33

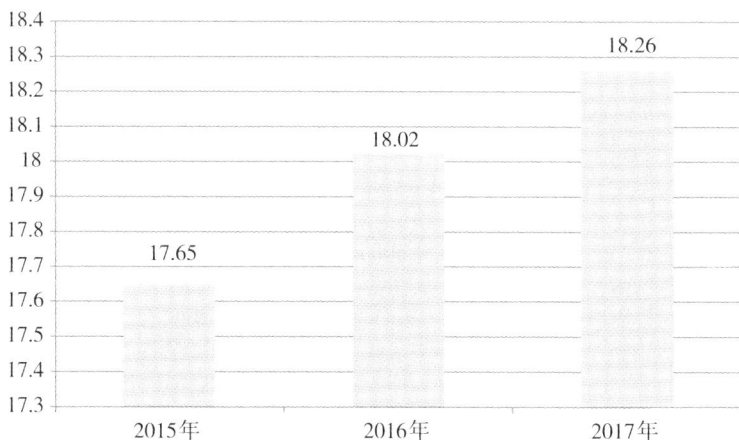

图 4-22　海南每千老年人口养老床位（张）

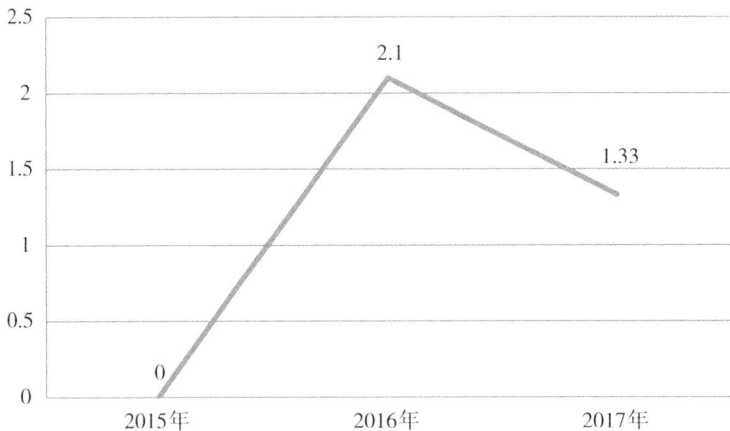

图 4-23　海南每千老年人口养老床位同比增长率（%）

《2017 年全国社会服务发展统计公报》显示：每千名老年人拥有养老床位为 30.9 张。海南每千老年人口养老床位 2017 年为 18.26 张，同全国每千名老年人拥有养老床位 30.9 张的数字相比还差 12.64 张，存在很大的差距。

7. 每万人口医疗卫生机构健康检查人数整体稳步增长

依据《2018 中国卫生健康统计年鉴》，海南医疗卫生机构健康检查人数 2015 年为 1647423 人，2016 年为 2188470 人，2017 年为 2281913 人，2018 年为 2082678 人。

海南每万人口医疗卫生机构健康检查人数 2015 年为 1808.37 人，2016 年为 2386.55 人，2017 年为 2464.27 人，2018 年为 2229.85 人。

2016 年比 2015 年每万人口医疗卫生机构健康检查人数增长 578.18人，增长 31.97 个百分点；2017 年比 2016 年每万人口医疗卫生机构健康检查人数增长 77.72 人，增长 3.26 个百分点；2018 年比 2017 年每万人口医疗卫生机构健康检查人数减少 234.42 人，下降 9.51 个百分点。如表 4-12、图 4-24、图 4-25、图 4-26、图 4-27 所示。

表 4-12　海南每万人口医疗卫生机构健康检查人数

	2015 年	2016 年	2017 年	2018 年
医疗卫生机构健康检查人数（人）	1647423	2188470	2281913	2082678
同比增长（人）		541047	93443	-199235
同比增长率（%）		32.84	4.27	-8.73
每万人口医疗卫生机构健康检查人数（人）	1808.37	2386.55	2464.27	2229.85
同比增长（人）		578.18	77.72	-234.42
同比增长率（%）		31.97	3.26	-9.51

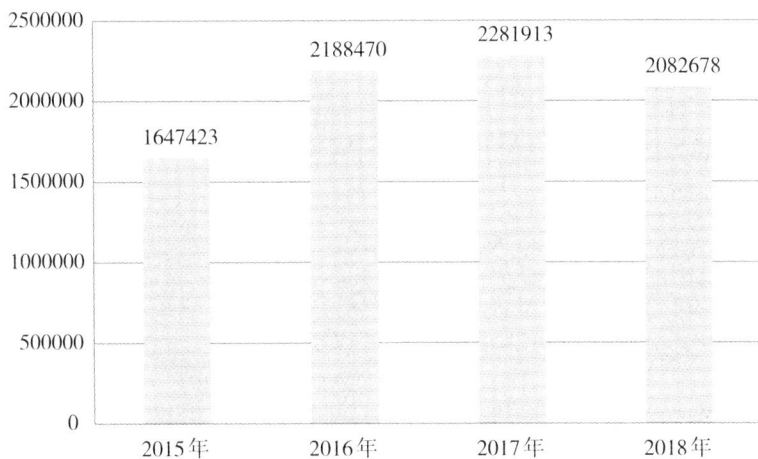

图 4-24　海南医疗卫生机构健康检查人数（人）

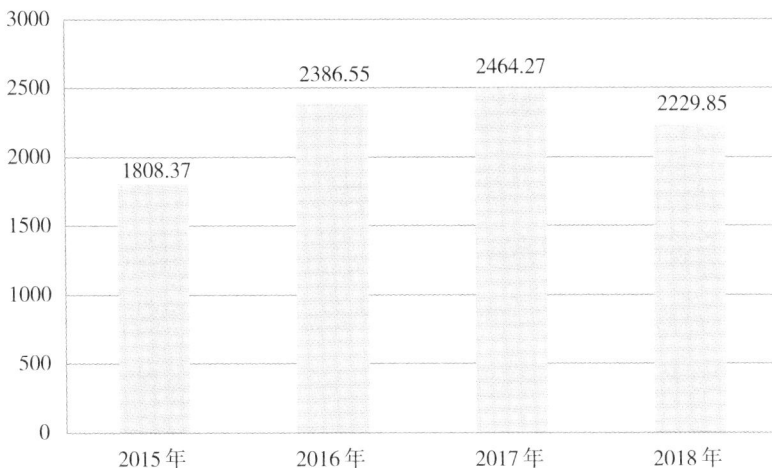

图 4-25　海南每万人口医疗卫生机构健康检查人数（人）

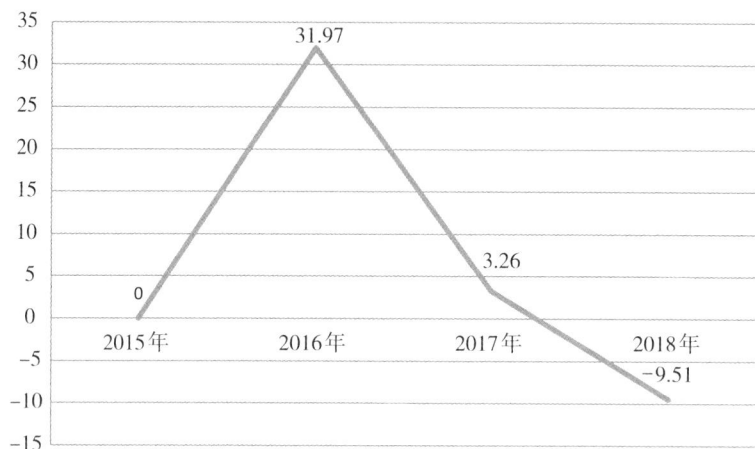

图 4-26　海南每万人口医疗卫生机构健康检查人数同比增长率（%）

2015 年我国医疗卫生机构门诊健康检查人数为 38457.9 万人，2017 年我国医疗卫生机构健康检查人数为 41855.7802 万人。全国每万人口医疗卫生机构健康检查人数：2015 年为 2766.60 人，2017 年为 3011.03 人，2018 年为 3119.92 人。相比较 2018 年全国每万人口医疗卫生机构健康检查人数可知，海南距离全国平均数据还相差 890.07 人，需要提高。

8. 每万人公众健康教育活动持续增长

依据《2018 中国卫生健康统计年鉴》，海南公众健康教育活动 2015 年为 372 次，2016 年为 377 次，2017 年为 387 次。

海南每万人口公众健康教育活动 2016 年与 2015 年持平，2017 年比 2016 年多 0.01 次，增长 2.44 个百分点。如表 4-13、图 4-27、图 4-28、图 4-29 所示。

表 4-13　海南每万人公众健康教育活动

	2015 年	2016 年	2017 年
公众健康教育活动（次）	372	377	387
同比增长（次）		5	10
同比增长率（%）		1.34	2.65
每万人口公众健康教育活动（次）	0.41	0.41	0.42
同比增长（次）		0.00	0.01
同比增长率（%）		0.00	2.44

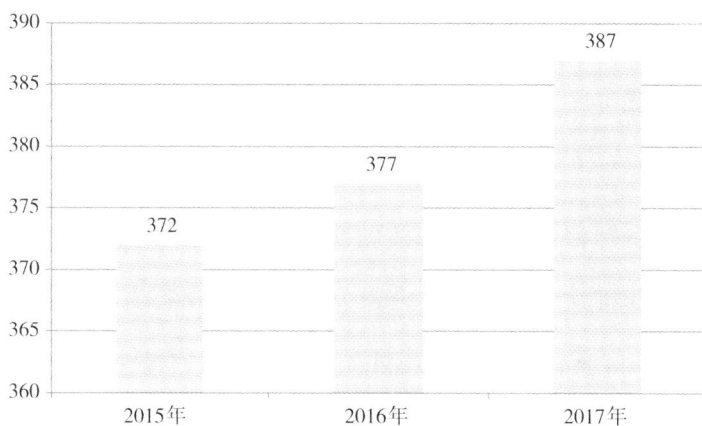

图 4-27　海南公众健康教育活动（次）

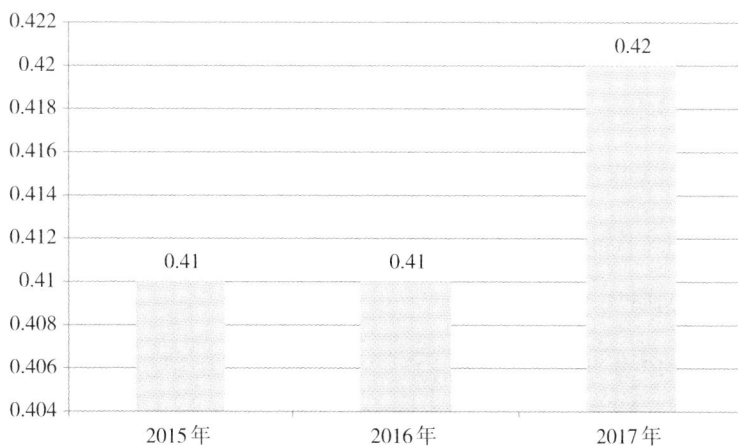

图 4-28　海南每万人口公众健康教育活动（次）

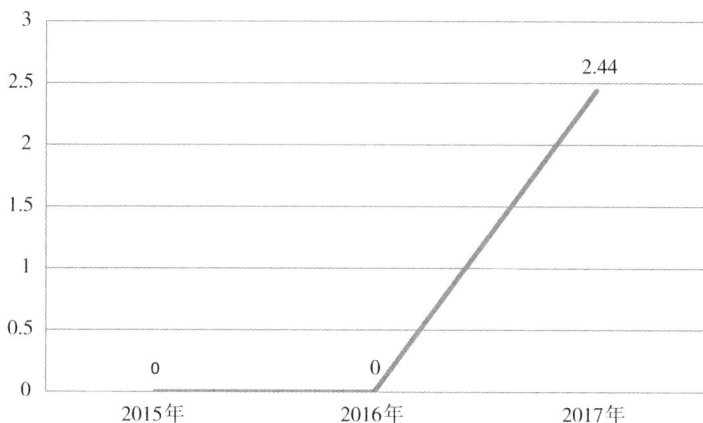

图 4-29　海南每万人口公众健康教育活动同比增长率（%）

　　2017 年全国公众健康教育活动 61507 次，全国每万人口公众健康教育活动为 0.44 次。海南每万人口公众健康教育活动 0.42 次，比全国每万人口公众健康教育活动的 0.44 次少 0.02 次，需要提高。

三、提升海南社会服务文明指数的建议

（一）海南社会服务文明的短板分析

1. 公共文化服务存在的短缺

全国 2017 年每万人公共图书馆建筑面积为 109 平方米。而海南省每万人公共图书馆建筑面积 2017 年为 90.7 平方米，与全国相比有 18.3 平方米的差距。

全国 2017 年平均每万人群众文化设施建筑面积为 295.44 平方米。海南 2017 年每万人拥有群众文化设施建筑面积为 135.5 平方米，与全国平均水平相差 159.94 平方米。

全国 2017 年每万人公共图书馆参加讲座为 0.009 万人次，海南 2017 年每万人公共图书馆参加讲座为 0.006 万人次，与全国相比较差 0.003 万人次。

全国每万人群众文化机构培训人次 2016 年为 305.74 人次，2016 年海南每万人群众文化机构培训人次为 219.19 人次，相差 86.55 人次。

海南公共文化服务存在短板的原因在于以下三个方面。一是公共文化服务体系缺乏分类指导标准。公共文化服务基本标准是确保群众享有公共文化服务水平均等化，这种体系要求在区域间、城乡间、不同群体间采用统一标准。但就实际而言，由于各地区之间经济发展、文化发展水平不一致，导致难以统一标准，需要分类指导。二是文化设施建设经费投入严重不足。必要的经费投入是发展先进文化的重要保障，海南应加大基层公共服务文化设施的投入，力争县镇村三级文化设施都达到国家公共文化服务体系示范区的标准要求。三是各级政府对文化建设的认识不足，没有长远的规划，只抓经济建设忽略文化建设。文化事业规划和标准化建设滞后，缺乏完整规划和完备标准，基层文化设施存在缺陷，建好的文化场所空置率很高，硬件、软件后续保障欠缺，文化产品和设施服务不能长效化等。

2. 健康服务的短缺

全国 2017 年平均预期寿命为 76.70 岁，海南 2017 年的平均预期寿命为 76.30 岁，相比较全国的平均预期寿命 76.70 岁相差 0.40 岁。

全国 2017 年每万城乡人口拥有全科医生 1.8 人，而海南省 2017 年每万名城乡人口仅拥有 1.18 名全科医生，距离全国每万人口拥有全科医生相差 0.62 人。

全国 2018 年每千人口医疗卫生机构床位数为 6.03 张，海南每千人口医疗卫生机构床位为 4.80 张，相比较全国的 6.03 张相差 1.23 张；全国 2018 年每千人口执业（助理）医师数为 2.59 人，海南每千人口执业（助理）医师数为 2.39，相对全国每千人口执业（助理）医师数达到 2.59 人的标准相差 0.20 人。

全国 2017 年每千名老年人口拥有养老床位 30.9 张，海南每千名老年人口养老床位 2017 年为 18.26 张，同全国每千名老年人口拥有养老床位 30.9 张的数字相比相差 12.64 张。全国每万人口医疗卫生机构健康检查人数 2018 年为 3131.82 人，海南每万人口医疗卫生机构健康检查人数 2018 年为 2229.85 人。相比较 2018 年全国每万人口医疗卫生机构健康检查人数，海南距离全国平均水平还差 901.97 人。

全国 2017 年每万人口公众健康教育活动为 0.44 次，海南 2017 年每万人口公众健康教育活动为 0.42 次，海南比全国每万人口公众健康教育活动少 0.02 次。

究其深层次原因在于：第一，海南医疗卫生机构数量在全国排名靠后。如"每万人口医疗卫生机构床位数"为 45.307 张，排在全国 31 省区市第 29 位；"每万人口基层医疗卫生机构人员数"为 25.833 人，排在全国 31 个省区市的第 22 位；"每千老年人口养老床位数"为 18.26 张，排在全国 31 省区市的第 30 位。正是海南医疗卫生机构数的严重短缺，所以海南的健康服务水平不高。第二，海南医疗卫生事业起步晚、底子薄，需要海南省医疗机构从各渠道加大投入、扩大规模，引进和培养人才，引进资金，加强学科建设，提高医疗技术水平，推进省、县、乡、村四级医疗服务体系。

（二）海南提升社会服务文明的路径和方法

第一，加强公共文化服务投入，创新公共文化服务供给方式，实现海南公共文化服务设施和服务均等化、特色化。

海南人均公共文化设施低于全国平均水平，不仅制约了群众公共文化活动的开展，更与海南当前自贸区港建设的目标要求不匹配。为此，海南应进一步加强文化设施和文化活动的投入，提高标准化、均等化水平。一方面，将基本公共文化服务保障资金纳入财政预算，落实建设经费，进一步拓展资金来源渠道。创新公共文化服务投入方式，采取政府购买、项目补贴、定向资助、贷款贴息等政策措施，支持包括文化企业在内的社会各类文化机构参与提供公共文化服务的方式等。另一方面，推动实现公共文化设施全覆盖。从而形成政府主导、社会参与、多元投入、协力发展的格局。

建设一批硬件设施先进、具有海南特色、与国际旅游岛定位相适应、服务市民和游客需求的重点文化设施。尚未开工建设的行政村（社区）文体活动室要统筹考虑当地居民和省内外游客的需求，按照全省行政村（社区）文体活动室外观设计方案统一外观标识，突出海南特色，对汉、黎、苗聚居区的村落进行视觉元素再造。基层综合性文化服务中心主要采取盘活存量、调整置换、集中利用等方式进行建设，对于已经建成的乡镇综合文化站，重在完善和补缺。

第二，加强基层公共卫生服务资源优化配置，全面提升海南健康服务水平。

一方面，加强基层医疗卫生服务体系和全科医生队伍建设。全科医生分布在乡镇医院、社区医院等基层一线，承担着居民预防保健、常见病多发病诊疗以及病人康复、慢性病管理等，在基本医疗卫生服务中发挥着重要作用。

然而，在海南，正面临全科医生缺乏的问题，尤其是基层全科医生严重不足。海南省有注册全科医生1094人，仅有407人在乡镇卫生院服务。全省299所乡镇卫生院中，还有97所乡镇卫生院没有全科医生。为此，建议全面落实《海南省改革完善全科医生培养与使用激励机制实施方案》，将从全科医生培养、岗位激励、职称晋升等多方面，提高全科医生职业吸引力，让他们安心做好群众健康的"守门人"。[①]

另一方面，加大卫生投入，提高卫生服务效能。政府要加大医疗卫生投入，充分体现公立医院的公益性，加大对医院的财政支持力度，使得医院集中全力做好大医院内部的管理，提高效率，减少成本消耗，提高服务水平和技术能力，从而更好地为老百姓服务。

---

① 国家卫生健康委员会编：《2018年国家卫生健康统计年鉴》，中国协和医科大学出版社2018年版，第41页。

第五章　海南社会环境文明指数

　　海南社会环境文明包括文明交通、网络环境、生态环境 3 大项、20 个指标。其中，文明交通包括每万人拥有公交车辆数、每万人口年末公共交通运营数、每万人口标准运营车数、每万人口出租汽车数 4 个指标；网络环境包括每万人口互联网宽带接入用户数、每万人口移动互联网用户数、每万人口互联网上网人数、每万人口农村宽带接入用户数等 7 个指标；生态环境包括城市燃气普及率、生活垃圾无害化处理率、城市污水处理率、建成区绿化覆盖率、每万人拥有公厕率等 9 个指标。海南社会环境文明指数通过主成分数学建模，将上述具有内在关联的 20 个指标数据计算后所获得。

一、海南社会环境文明指数分析

　　从海南社会环境文明百分制指数得分看，2015 年为 77.20，2016 年为 77.77，2017 年为 78.10，呈现持续增长态势。如表5-1、图5-1 所示。

表 5-1　2015—2017 年海南社会环境文明指数得分及进步指数

年份	海南社会环境文明指数得分	海南社会环境文明指数百分制得分	进步指数（相对于2015年的增长百分点）
2015	719.9036602	77.20	0
2016	725.2198286	77.77	0.74
2017	728.3277571	78.10	1.17
百分标准值	932.5561125	100	

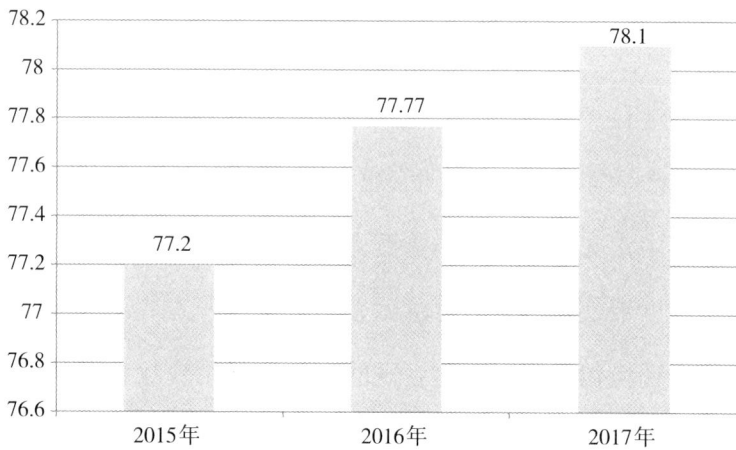

图 5-1　海南社会环境文明指数百分制得分

从海南社会环境文明进步指数看，2016 年比 2015 年进步了 0.74 个百分点，2017 年比 2015 年进步了 1.17 个百分点，如图 5-2 所示。

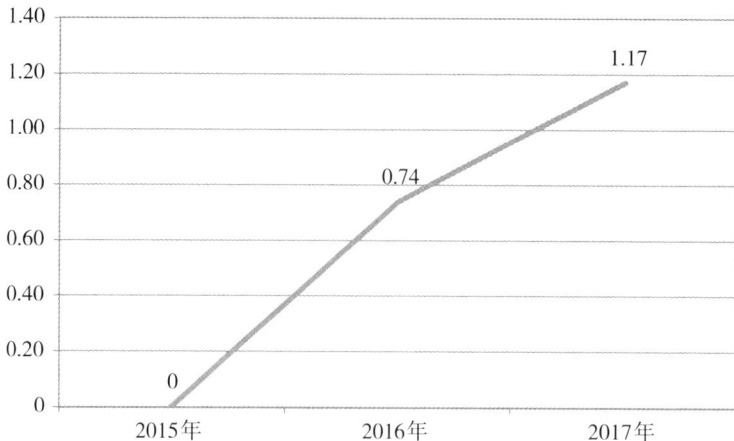

图 5-2　海南社会环境文明进步指数

海南社会环境文明不断进步主要在于文明交通持续向好、网络环境不断优化、生态环境良性发展等方面。

二、海南社会环境文明指数的优势与短板

（一）文明交通持续向好

1. 每万人拥有公交车辆数稳步增长

依据《中国统计年鉴》，海南每万人拥有公交车辆数 2015 年为11.25 台，2016 年为 11.35 台，2017 年为 13.54 台。

2016 年比 2015 年增长 0.10 台，增长 0.89 个百分点；2017 年比2016 年增长 2.19 台，增长 19.30 个百分点。海南每万人拥有公交车辆数稳步增长。如表 5-2、图 5-3、图 5-4 所示。

表 5-2　海南每万人拥有公交车辆数

	2015 年	2016 年	2017 年
每万人拥有公交车辆数（标台）	11.25	11.35	13.54
同比增长（标台）		0.10	2.19
同比增长率（%）		0.89	19.30

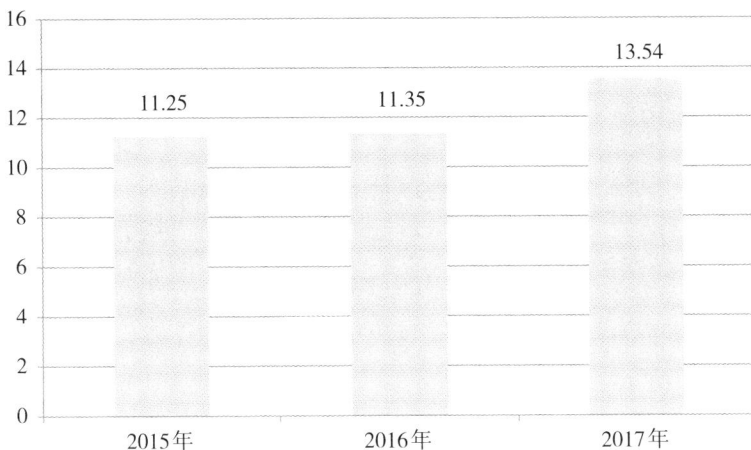

图 5-3　海南每万人拥有公交车辆数（标台）

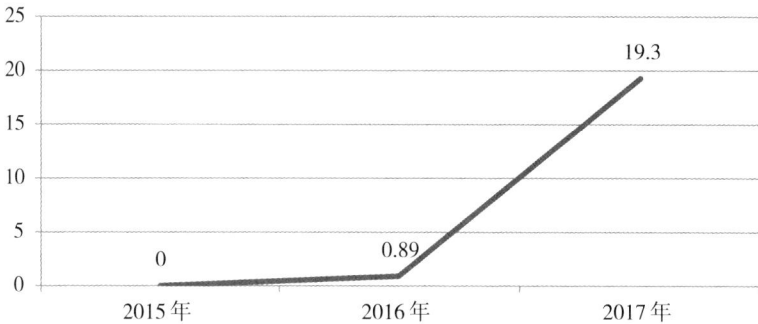

图 5-4　海南每万人拥有公交车辆数同比增长率（%）

2016 年全国每万人拥有公交车辆数 13.8 标台，海南每万人拥有公交车辆数 2016 年为 11.35 标台，与全国相比较差 2.45 标台。

2. 每万人口年末公共交通运营数呈现逐年递增态势

依据《中国统计年鉴》，海南 2015 年年末公共交通运营数为 2938 辆，2016 年为 3080 辆，2017 年为 3717 辆。

2016 年年末公共交通运营数比 2015 年多 142 辆，增长 4.83 个百分点，2017 年比 2016 年多 637 辆，增长 20.68 个百分点。

海南每万人口年末公共交通运营数 2016 年比 2015 年增加 0.13 辆，增加 4.02 个百分点；2017 年比 2016 年增加 0.65 辆，增加 19.35 个百分点。呈现逐年递增态势。如表 5-3、图 5-5、图 5-6 所示。

表 5-3　海南每万人口年末公共交通运营数

	2015 年	2016 年	2017 年
年末公共交通运营数（辆）	2938	3080	3717
同比增长（辆）		142	637
同比增长率（%）		4.83	20.68
每万人口年末公共交通运营数（辆）	3.23	3.36	4.01
同比增长（辆）		0.13	0.65
同比增长率（%）		4.02	19.35

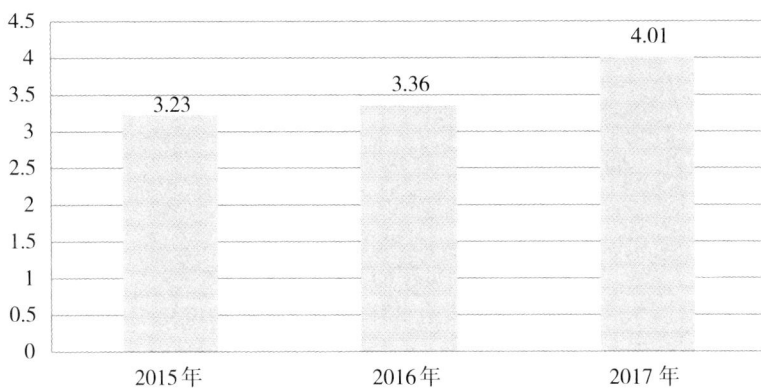

图 5-5　海南每万人口年末公共交通运营数（辆）

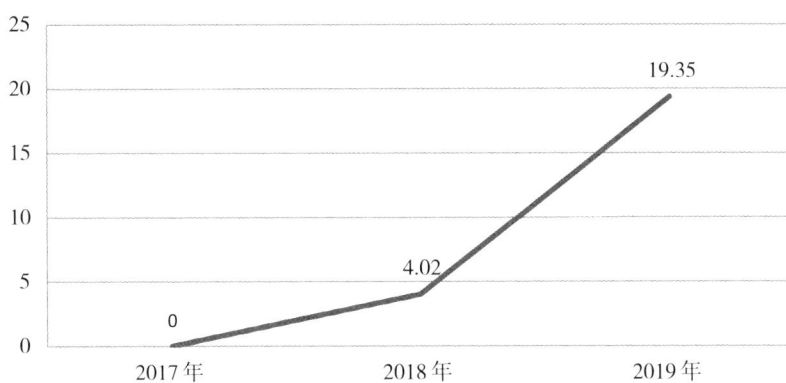

图 5-6　海南每万人口年末公共交通运营数同比增长率（%）

根据国家统计局《中国统计年鉴 2018》显示：截至 2017 年年末，中国国内公共交通车辆运营总数为 583437 辆，每万人口年末公共交通运营数为 4.20 辆，而海南年末公共交通车辆运营总数 3717 辆，每万人口年末公共交通运营数为 4.01 辆。海南与全国每万人口年末公共交通运营数相差 0.19 辆。

3. 每万人口标准运营车辆数增加

依据《中国环境统计年鉴》，海南标准运营车数 2015 年 3285 台，

2016 年 3322 台。

海南每万人口标准运营车辆 2016 年比 2015 年增加 0.01 台，增加 0.28 个百分点。如表 5-4、图 5-7 所示。

表 5-4　海南每万人口标准运营车辆数

	2015 年	2016 年	2017 年
标准运营车辆数（标台）	3285	3322	
同比增长（标台）		37	
同比增长率（%）		1.13	
每万人口标准运营车辆数（标台）	3.61	3.62	
同比增长（标台）		0.01	
同比增长率（%）		0.28	

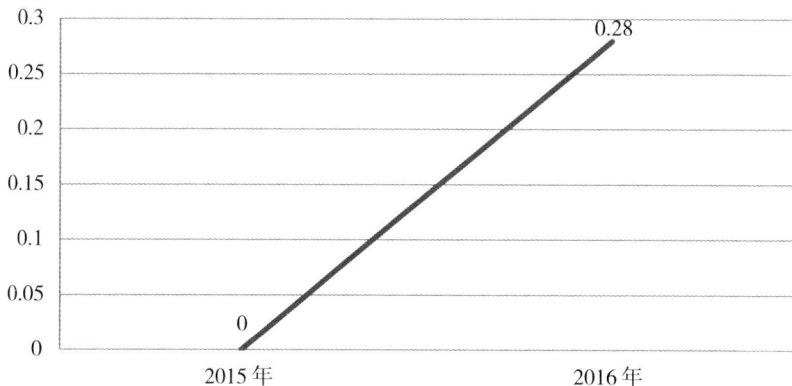

图 5-7　海南每万人口标准运营车辆数同比增长率（%）

2016 年全国每万人口标准运营车辆数为 4.75 标台。海南每万人口标准运营车辆数为 3.62 标台，与全国相比较差 1.13 标台。

4. 每万人口出租汽车数逐年增加

依据《中国环境统计年鉴》，海南 2015 年出租汽车数 6296 辆，2016 年出租汽车数 6683 辆。2016 年比 2015 年出租汽车数增加 387 辆。

海南每万人口出租汽车数 2016 年比 2015 年增加 0.38 辆，增长 5.50
个百分点。每万人口出租汽车数 2017 年比 2016 年增加 0.25 辆，增长
3.43 个百分点。如表 5-5、图 5-8 所示。

表 5-5　海南每万人口出租汽车数

	2015 年	2016 年	2017 年
出租汽车数（辆）	6296	6683	6979
同比增长（辆）		387	296
同比增长率（%）		6.15	4.43
每万人口出租汽车数（辆）	6.91	7.29	7.54
同比增长（辆）		0.38	0.25
同比增长率（%）		5.50	3.43

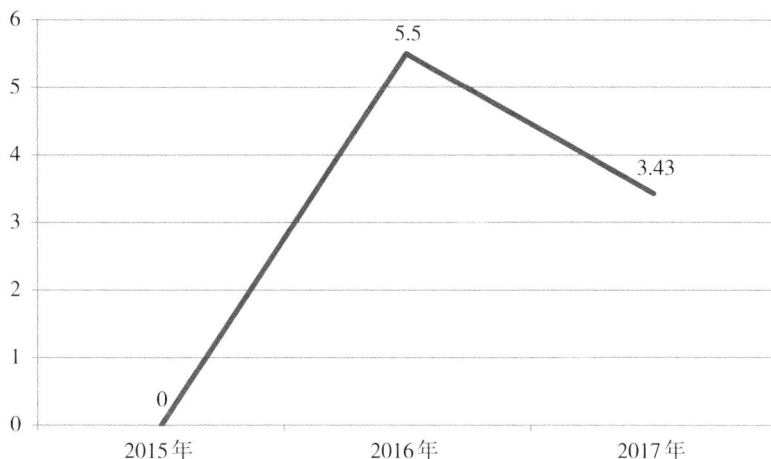

图 5-8　海南每万人口出租汽车数同比增长率

2016 年，全国出租汽车数 1102563 辆，每万人口出租汽车数 7.93
辆 / 万人；海南 2016 年出租汽车数 6683 辆，每万人口出租车数为 7.29
辆 / 万人，相差 0.64 辆 / 万人。

（二）网络环境不断优化

1. 每万人口互联网宽带接入用户数逐年递增

依据《中国统计年鉴》，海南互联网宽带接入用户数 2015 年为 149.5 万户，2016 年为 186.5 万户，2017 年为 228.7 万户，2018 年为 279.1 万户。

海南每万人口互联网宽带接入用户数 2016 年比 2015 年增加 392.76 户，增长 23.93 个百分点；2017 年比 2016 年增加 435.95 户，增长 21.44 个百分点；2018 年海南每万人口互联网宽带接入用户数为 2988.22 户，比 2017 年增加 518.46 户，增长 20.99 个百分点，呈现逐年递增态势。如表 5-6、图 5-9 所示。

表 5-6　海南每万人口互联网宽带接入用户数

	2015 年	2016 年	2017 年	2018 年
互联网宽带接入用户数（万户）	149.50	186.50	228.70	279.10
同比增长（万户）		37.00	42.20	50.40
同比增长率（%）		24.75	22.63	22.04
每万人口互联网宽带接入用户数（户）	1641.05	2033.81	2469.76	2988.22
同比增长（户）		392.76	435.95	518.46
同比增长率		23.93	21.44	20.99

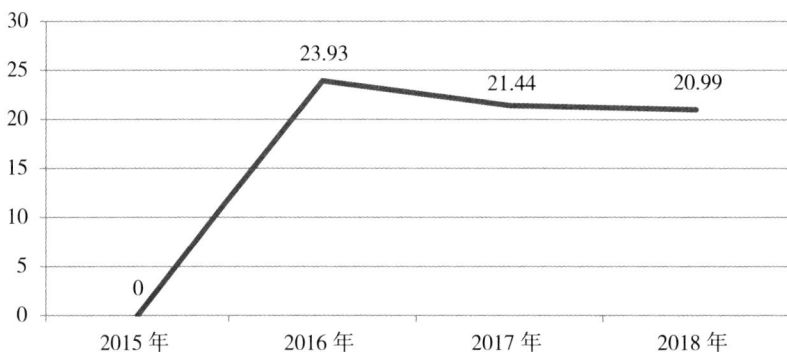

图 5-9　海南每万人口互联网宽带接入用户数同比增长率（%）

全国互联网宽带接入用户数 2015 年为 25946.6 万户，2016 年为 29720.7 万户。2018 年我国互联网宽带接入用户数为 40738.2 万户，累计同比增长 17.2%。[①] 全国每万人口互联网宽带接入用户数 2015 年为 1866.55 户，2016 年为 2138.06 户，2018 年 2919.51 户。同 2018 年全国相比较，海南每万人口互联网宽带接入用户数高于全国 68.71 户。

2. 每万人口互联网上网人数稳步增长

依据《中国统计年鉴》，海南互联网上网人数 2015 年为 466 万人，2016 年为 470 万人，呈现稳步增长态势，其中 2016 年互联网上网人数比 2015 年增加 4 万人，增长 0.86 个百分点。每万人口互联网上网人数 2016 年与 2015 年数值接近，增长 10.15 人，增长 0.2 个百分点。如表 5-7、图 5-10 所示。

表 5-7　海南每万人口互联网上网人数

	2015 年	2016 年	2017 年
互联网上网人数（万人）	466	470	
同比增长（万人）		4	
同比增长率（%）		0.86	
每万人口互联网上网人数（人）	5115.26	5125.41	
同比增长（人）		10.15	
同比增长率（%）		0.20	

① 《2018 年 1—10 月我国互联网宽带接入用户为 40075.8 万户，累计同比增长 17.2%》，中国报告网，2018 年 12 月 12 日。

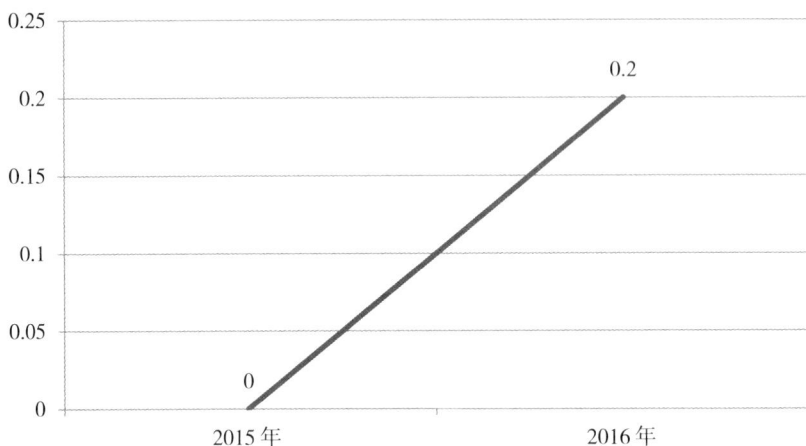

图 5-10　海南每万人口互联网上网人数同比增长率（%）

全国互联网上网人数 2015 年为 68826 万人，2016 年为 73125 万人。全国每万人口互联网上网人数 2015 年为 4951.23 人，2016 年为 5260.49 人，与全国每万人口互联网上网人数相比较，海南 2016 年只相差 135.08 人，略低于全国。

3. 每万人口城市宽带接入用户数稳步增长

依据《中国统计年鉴》，海南城市宽带接入用户数 2015 年为 107.3 万户，2016 年为 126.3 万户，2017 年为 149.1 万户，2018 年为 196.5 万户。

海南每万人口城市宽带接入用户数 2015 年为 1177.83 户，2016 年为 1377.32 户，2017 年为 1610.15 户，2018 年为 2103.85 户。

2016 年比 2015 年增长 199.49 户，增长 16.94 个百分点；2017 年比 2016 年增长 232.83 户，增长 16.90 个百分点；2018 年比 2017 年增长 493.7 户，增长 30.66 个百分点。如表 5-8、图 5-11 所示。

表 5-8 海南每万人口城市宽带接入用户数

	2015 年	2016 年	2017 年	2018 年
城市宽带接入用户（万户）	107.30	126.30	149.10	196.50
同比增长（万户）		19.00	22.80	47.40
同比增长率（%）		17.71	18.05	31.79
每万人口城市宽带接入用户（户）	1177.83	1377.32	1610.15	2103.85
同比增长（户）		199.49	232.83	493.7
同比增长率（%）		16.94	16.90	30.66

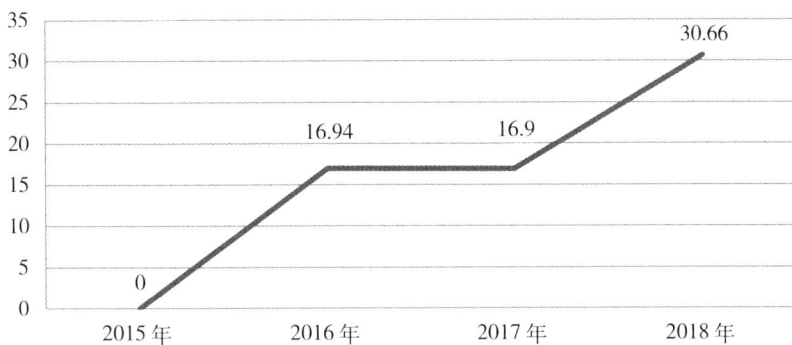

图 5-11 海南每万人口城市宽带接入用户同比增长率（%）

2015 年全国城市宽带接入用户数为 19547.2 万户，2016 年为 22266.6 万户，2018 年为 28996.5 万户。[①]

全国每万人口城市宽带接入用户数 2015 年为 1406.19 户，2016 年为 1601.82 户，2018 年为 2078.04 户。与 2018 年全国每万人口城市宽带接入用户相比较，海南高出 25.81 户。

4. 每万人口家庭宽带接入用户数稳步增长

依据《中国统计年鉴》，海南家庭宽带接入用户数 2015 年为 122.4

---

① 《近年来我国城市宽带接入用户统计表》，中国报告网，2018 年 11 月 10 日。

万户，2016年为151.4万户，2017年为188.1万户，2018年为244.6万户。

海南每万人口家庭宽带接入用户数2016年比2015年增长307.46户，增长22.88个百分点；2017年比2016年增长380.28户，增长23.03个百分点；2018年每万人口家庭宽带接入用户数为2618.84户，比2017年增长587.52户，增长28.92个百分点。呈现稳步增长态势。如表5-9、图5-12所示。

表5-9　　海南每万人口家庭宽带接入用户数

	2015 年	2016 年	2017 年	2018 年
家庭宽带接入用户（万户）	122.40	151.40	188.10	244.60
同比增长（万户）		29.00	36.70	56.50
同比增长率（％）		23.69	24.24	30.03
每万人口家庭宽带接入用户（户）	1343.58	1651.04	2031.32	2618.84
同比增长（户）		307.46	380.28	587.52
同比增长率（％）		22.88	23.03	28.92

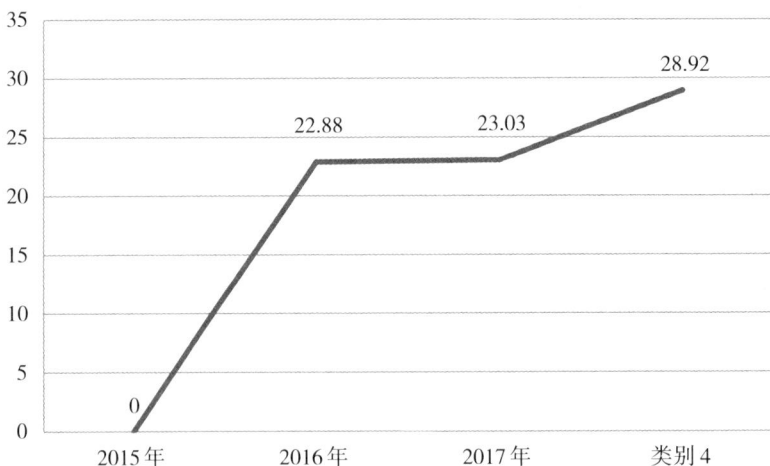

图5-12　　海南每万人口家庭宽带接入用户同比增长率（％）

全国家庭宽带接入用户数 2015 年为 21716.4 万户，2016 年为 24926.8 万户，2018 年为 35351.6 万户。

全国每万人口家庭宽带接入用户数 2015 年为 1562.24 户，2016 年为 1793.19 户，2018 年为 2533.47 户。与 2018 年全国数据相比，海南每万人口家庭宽带接入用户数高出 85.37 户。

（三）生态环境良性发展

1. 城市污水处理率呈现上升态势

依据《中国环境统计年鉴》，海南城市污水处理率 2015 年 74.2%，2016 年 77.0%，2016 年比 2015 年同比增加 2.8 个百分点，呈现上升态势。如表 5-10、图 5-13 所示。

表 5-10　海南城市污水处理率

	2015 年	2016 年	2017 年
城市污水处理率（%）	74.20	77.00	
同比增长（%）		2.80	

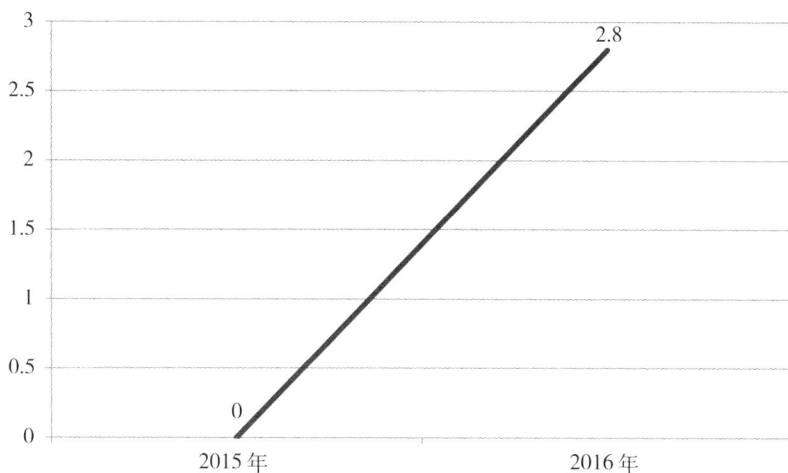

图 5-13　海南城市污水处理率同比增长（%）

2015 全国城市污水处理率达 91.9%，2016 年全国城市污水处理率为 93.4%。海南与国家城市污水处理率 2016 年相比差 16.4%。有很大的差距，需要加紧追赶。

2. 人均公园绿地面积略有回升

依据《中国统计年鉴》，海南人均公园绿地面积 2015 年为 12.96 平方米，2016 年为 12.02 平方米，2017 年为 12.16 平方米，2018 年为 10.23 平方米。

2016 年比 2015 年减少 0.94 平方米，减少 7.25 个百分点；2017 年比 2016 年增加 0.14 平方米，增加 1.16 个百分点，略有回升；2018 年比 2017 年减少 1.93 平方米，下降 15.87 个百分点。如表 5-11、图 5-14 所示。

表 5-11　海南人均公园绿地面积

	2015 年	2016 年	2017 年	2018 年
人均公园绿地面积（平方米）	12.96	12.02	12.16	10.23
同比增长（平方米）		−0.94	0.14	−1.93
同比增长率（%）		−7.25	1.16	−15.87

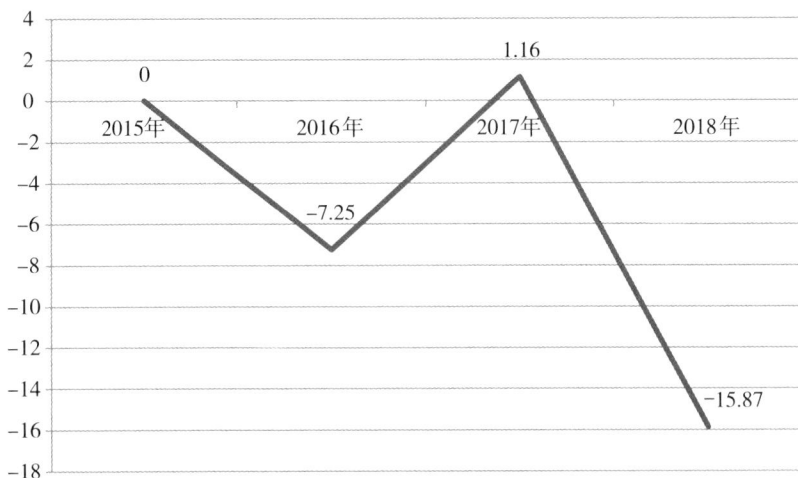

图 5-14　海南人均公园绿地面积同比增长率（%）

2016 年全国城市建成区绿地率达 36.4%，人均公园绿地面积达 13.70 平方米，2018 年人均公园绿地面积达 14.11 平方米。从 2018 年的数据来看，海南人均公园绿地面积与全国人均公园绿地面积相比，还有 3.88 平方米的差距。

3. 每万人拥有公厕数增加

依据《中国环境统计年鉴》，海南每万人拥有公厕数 2015 年为 1.57 座，2016 年为 2.44 座。

2016 年比 2015 年增加 0.87 座，增长 55.41 个百分点。如表 5-12、图 5-15 所示。

表 5-12　海南每万人拥有公厕数

	2015 年	2016 年	2017 年
每万人拥有公厕数（座）	1.57	2.44	
同比增长（座）		0.87	
同比增长率（%）		55.41	

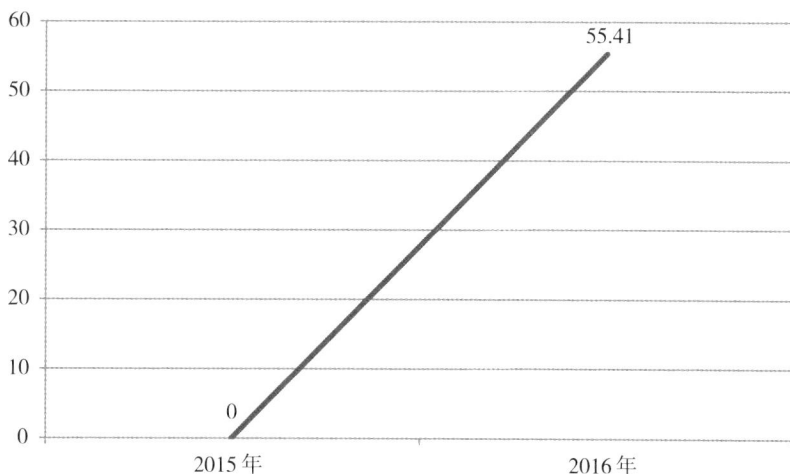

图 5-15　海南每万人拥有公厕数同比增长率（%）

全国每万人拥有公厕数 2016 年为 2.72 座，2017 年为 2.70 座。同 2016 年全国数据相比较，海南每万人拥有公厕数量相差 0.28 座。

三、提升海南社会环境文明指数的建议

（一）海南社会环境文明的短板分析

第一，海南公共交通发展滞后。快速城市化过程中，2019 年海南的公路水路固定资产投资突破 200 亿元，建成万宁至洋浦、文昌至博鳌高速公路，"田"字形高速公路全面贯通。虽然，海南在道路交通上快速建设，但是公共交通发展却仍然落后。由于交通基础设施不健全，缺乏支持和规划，同时海南常年大小"雨考"不断，各地雨季积水严重，交通遇阻，道路拥堵不堪。

依据 2018 年社会文明大行动和创建文明城市的测评，各市县社会服务方面的主要问题是出租车、公交车存在长时间等候无车，以及拒载、宰客等现象。对 18 个市县和 1 个经济开发区出租车 114 个项目测评，结果发现不符合率高达 77.19%；公交车的不符合率达到了 38.42%。

第二，海南网络环境还有待完善。网络建设尚未实现以满足基站接入为主向全业务接入的构架的调整，全业务接入能力、传送能力和承载效率比较低，受网络资源覆盖不足、装维队伍建设跟不上市场增长需求等网络因素影响，导致已建成的有线宽带网络利用率较低，网络用户满意度较低，现有网络闲置资源较多。

农村宽带基础设施建设比较落后，村镇宽带项目发展缓慢。落实

"宽带中国"战略，推动农村宽带建设，保证宽带乡村工程和中小城市网络完善工程建设的运营商实施政策性资金扶持有待落实。

第三，城市环保存在短板。海南省地级及以上城市建成区存在生活污水直排口，主要存在城中村、老旧城区和城乡接合部生活污水收集处理设施空白区，海南省64条内河湖水污染治理的效果还未完全稳定达标，建制镇污水处理设施建设进度滞后，城市污水处理厂"两低"问题依旧突出，存在黑臭水体，农村饮水安全保障工作还不完善。

另外，公厕数量严重不足、布局不合理、建设标准低、管理不到位等问题严重。比如在海口市美兰区演丰镇演东村委会瑶城村民小组的一座公厕，一棵榕树下有块指引牌指向这个建在道路旁边的公厕，但公厕男女厕门口却没有厕所应有的标记，男女厕的大门均落锁紧闭，公厕成了无人管理的"死厕"。

（二）海南提升社会环境文明的路径和方法

第一，公交优先，绿色出行，增进海南文明交通水平。

一方面，增加公交车辆、适度发展出租车出行工具。例如海口、三亚等城市人口众多，必须依靠大力发展公共交通才能减少道路拥堵和环境污染，提高道路使用效率，对包括网约车和传统出租车在内的出租汽车发展的速度或数量规模都要做必要的管控，坚持"优先发展公共交通，适度发展出租汽车"的原则。在上下班高峰时刻，在市中心、火车站、汽车站人流密集区域增加公交车辆的投入、缓解打车难、坐车难的交通压力。

另一方面，依照《海南省新能源公交车推广应用实施方案》，扩大海南省新能源公交车的应用规模，提升新能源汽车占公交车的比例，完善充换电配套设施服务。推动新能源公交车在交通运输行业的使用效率和运营效率明显提升。加快新能源公交车配套基础设施建设，按照"适度超前、车桩相随、智能高效"的基本原则，加快充电桩、充（换）电站等充电基础设施建设，以满足新能源公交车充换电需求。

第二，加快互联网建设和应用，通过数字化、智能化打造海南数字岛、智慧岛。

一方面，以互联网产业模式创新和技术创新为突破口，加强信息基础设施建设。把信息基础设施作为战略性公共基础设施纳入海南省总体规划，实施专项行动，采取超常规措施，加强信息基础设施的统筹推动，通过政府购买服务、奖励和补贴等方式，鼓励公共场所免费开放 WiFi 热点接入、推进光纤入户，积极实施"互联网＋"战略。

另一方面，根据"引入龙头企业、搭建产业平台、建立孵化体系、培育标杆企业，形成良好的产业生态圈"产业培育理念，重点发展互联网、文化创意等主导产业，其中互联网产业聚焦于游戏、电子商务和 IT 培训，打造互联网产业创新孵化示范区、应用服务示范区和高端人才汇聚区，成为海南经济发展一个新的增长极。

第三，提高垃圾、污水等处理能力，推行厕所革命改进人居环境，维护和改善海南优美的生态环境。

一方面，探索实施垃圾分类，从源头上减轻垃圾处理压力，减少垃圾处理过程中产生的有毒有害物质，从而实现资源回收利用。加快推进垃圾处理设施建设，坚持减量化、资源化、无害化处理方向，推动污水处理设施与污水管网的衔接，切实提高收集处理率。

另一方面，规范设计建造城镇公厕。外观上要体现地方文化特色和时代感，优化公共厕所功能布局和设施配备。加快改造城市老旧公厕，严禁随意拆除城镇公厕，落实因旧城改造、道路拓宽等原因需要拆除的，遵循"拆一补一、就近建设"原则；在乡村公厕建设方面，"厕所革命"是农村人居环境整治的重点，科学编制改厕方案，合理选择改厕标准和模式。优先解决好厕所粪污收集处理难题，能接入污水管网的尽量接入，暂时不能接入的采取抽粪车吸污，探索多种形式的粪污资源化利用，完成乡村公共厕所的无害化改造。

下　篇
大数据时代海南社会文明的发展实践

下篇着重分析研究大数据时代海南的社会文明大行动实践。着重阐释：（1）海南社会文明大行动的核心价值观引领实践；（2）海南社会文明大行动的价值追求：崇德尚礼实践；（3）海南社会文明大行动中的"五大创建活动"，重点分析海南的文明单位创建与文明城市创建；（4）海南社会文明大行动总体绩效分析研究。

第六章　海南核心价值观引领工程的实践

　　任何一个社会都存在多种多样的价值观念和价值取向，要把全社会意志和力量凝聚起来，必须有一套与经济基础和政治制度相适应并能形成广泛社会共识的核心价值观。核心价值观是在一定社会的文化中起轴心作用的、决定文化性质和方向的最深层次要素，是一个国家、一个民族的精神支柱。2014 年 5 月 4 日，习近平总书记在同北京大学师生座谈时指出："人类社会发展的历史表明，对一个民族、一个国家来说，最持久、最深层的力量是全社会共同认可的核心价值观。"如果没有共同的核心价值观，一个民族、一个国家就会魂无定所、行无依归。2018 年 1 月 23 日，海南省委办公厅、省政府办公厅印发的《关于深入开展社会文明大行动创建海南文明岛的实施方案》，明确了以培育和践行核心价值观为引领，全面推进"159"行动的社会文明大行动。两年来，海南核心价值观引领工程的实践，坚定了海南干部群众的价值共识和共同的理想信念追求。

一、确定培育和践行社会主义核心价值观工程

在当代中国，我们的民族、我们的国家应该坚守的社会主义核心价值观，就是党的十八大提出的富强、民主、文明、和谐，自由、平等、公正、法治，爱国、敬业、诚信、友善。社会主义核心价值观把涉及国家、社会、公民三个层面的价值要求融为一体，深入回答了我们要建设什么样的国家、建设什么样的社会、培育什么样的公民的重大问题。习近平总书记指出，要"用社会主义核心价值观凝魂聚力，更好构筑中国精神、中国价值、中国力量，为中国特色社会主义事业提供源源不断的精神动力和道德滋养"。[①]海南核心价值观引领工程的实践，明确了"坚持根本遵循""教育引导和示范引领""文化滋养与实践养成""法律和政策保障"等方面内容，使社会主义核心价值观内化于心、外化于行。

（一）坚持社会主义核心价值观的根本遵循

海南社会文明大行动强调：要把学习宣传贯彻习近平新时代中国特色社会主义思想作为党委和政府首要政治任务，作为党委（党组）理论学习中心组重点内容，作为党校教育培训必修课，做到真学、真懂、真信、真用；抓好习近平总书记系列重要讲话精神的学习，用习近平新时代中国特色社会主义思想武装全党、教育人民、指导实践，引导党员干部增强"四个意识"，坚定"四个自信"，坚决做到"两个维护"，为海南自由贸易区和中国特色自由贸易港建设提供坚强思想保证；贯

---

① 《习近平总书记系列重要讲话读本（2016年版）》，学习出版社2016年版。

彻落实《海南省培育和践行社会主义核心价值观实施方案》，大力培育和践行社会主义核心价值观，提高人民思想觉悟、道德水准、文明素养和全社会文明程度。

（二）突出教育引导和示范引领

海南社会文明大行动强调：要深入学习贯彻习近平总书记"4·13"重要讲话和中央12号文件精神，以及省委七届历次全会精神，积极开展社会主义核心价值观宣传教育，自觉承担"举旗帜、聚民心、育新人、兴文化、展形象"使命任务，着力培养担任民族复兴大任的时代新人；强化对国民教育引领，推动核心价值观融入思想道德教育、文化知识教育、社会实践教育各个环节，贯穿启蒙教育、基础教育、职业教育、高等教育各领域。

同时，注重发挥时代楷模、道德模范、身边好人以及党员干部在核心价值观教育中的示范作用。2019年10月15日，第七届海南省道德模范颁奖仪式在海口举行，省文明委决定，授予琼海市潭门镇潭门村党支部委员、潭门海上民兵连副连长王书茂等53人"第七届海南省道德模范"荣誉称号。其中，助人为乐模范10名、见义勇为模范16名、诚实守信模范8名、敬业奉献模范9名、孝老爱亲模范10名。让群众感受到道德模范等先进模范人物和党员干部的榜样力量，引导广大干部群众在投身美好新海南建设实践中形成有自信、尊道德、讲奉献、重实干、求进取的新风貌，带动全社会向善向上。

（三）强化文化滋养与实践养成

2018年以来，海南各市县强化实践养成，利用爱国主义教育基地、重大纪念活动等开展实践活动，从而增强人们的爱国情怀和国家意识；运用升国旗仪式、成人仪式、入党入团入队仪式等礼仪制度传播主流价值；在社会各个领域大力开展"核心价值观、你我齐践行"等各种主题活动；依托公共文化设施宣传文化阵地开展核心价值观教育。

同时，以春节、元宵节、清明节、端午节、七夕节、中秋节、重阳节为重点，广泛开展"我们的节日"主题活动；深化中华优秀传统文化宣传教育，引导人们不断提升道德水准。海口在秀英区万达商业广场举行"我们的节日·中秋"主题实践活动，广大市民游客在书香的浸润中感受浓浓的中秋气氛，进一步了解中秋节的来历、含义、传统风俗，从而丰富基层群众文化生活，营造团结和谐、健康向上的文化环境。

儋州市开展2019年度"我们的节日·清明节"主题活动，通过文明祭奠先烈、先人、先贤，引导人们在慎终追远、缅怀前辈的情怀中认知传统、继承传统、弘扬传统，增进爱党、爱国、爱儋州情感，提升市民文明素质，为全面推进海南自贸区（港）和海南西部中心城市建设提供强大的精神动力、思想保障和文化条件。

（四）依托法律和政策保障

2018年以来，海南各市县坚持依法治国和以德治国相结合，把核心价值观贯彻到依法治国、依法执政、依法行政实践中，落实到立法、执法、司法、普法和依法治理各个方面，为法律政策的制定完善提供精神指导；各市县普遍开展居民公约、村规民约、学生守则、行业规范等规范守则教育实践活动，形成了有利于培育和践行核心价值观的法治环境和制度支撑。

习近平总书记强调，要使核心价值观的影响像空气一样无所不在、无时不有。培育和践行社会主义核心价值观，要与人们日常生活紧密联系起来，使人们在实践中感知它、领悟它，达到"百姓日用而不知"的程度，使之成为人们日常工作生活的基本遵循。2018 年以来，海南组织开展了形式多样的纪念庆典活动，传播主流价值，增强人们的认同感和归属感。把社会主义核心价值观的要求融入日常生活，利用各种时机和场合，形成有利于培育和弘扬社会主义核心价值观的生活氛围和社会氛围。

二、践行核心价值观培育时代新人

2018 年以来，海南以核心价值观为引领的社会文明大行动，坚持在践行社会主义核心价值观过程中，把培养担当民族复兴大任的时代新人作为重要使命和根本任务。

（一）夯实培育核心价值观的基础

培育和践行社会主义核心价值观，基础在于成风化人，凝心聚力。海南通过学习教育，使人们准确掌握社会主义核心价值观的丰富内涵，深刻理解核心要义，发自内心地认同，引导广大党员干部进一步坚定对马克思主义的信仰，对社会主义和共产主义的信念，对中国特色社会主义道路、理论、制度、文化的自信。深化社会主义和共产主义宣传教育，深化中国特色社会主义和中国梦宣传教育，引导人们厚植爱国情怀，筑牢精神之基。

（二）培育担当民族复兴大任的时代新人

社会主义核心价值观建设，说到底是人的思想建设、灵魂建设，是要着力造就担当民族复兴大任的时代新人。海南坚持以弘扬社会主义核心价值观为主题，组织开展系列主题实践活动，引导人们自觉践行。加强思想道德建设，深入实施公民道德建设工程，推进社会公德、职业道德、家庭美德、个人品德建设，形成向上向善、孝老爱亲，忠于祖国、忠于人民的道德风尚。同时，扎实推进新时代文明实践中心建设。海口的琼山区、美兰区建成了 2 个新时代文明实践中心、11 个新时代文明实践所、131 个新时代文明实践站，均已挂牌并陆续开展活动。抓住青少年价值观形成的关键时期，把干事创业的责任担当、为人处世的基本道理贯穿学校教育、社会教育、家庭教育各个环节，引导广大青年扣好人生第一粒扣子。

（三）将核心价值观融入政策法规

培育和践行社会主义核心价值观，必须使之体现到制度设计、政策、法规制定中。2018 年以来，海南努力将社会主义核心价值观的要求细化为社会制度和国家法律的具体条文，转化为人们的行为操守和行为准则，用法治手段和制度规范促进文明行为养成。根据各地域、各行业、各单位、各人群特点，转化为地方性法规、机关准则、企业规章、社区公约、乡规民约和学生守则等，实现社会规范和价值导向有机统一。海南坚持"社会主义核心价值观引领工程"，积极创建社会主义核心价值观示范点，全力抓好社会主义核心价值观"六融入"，使其渗透到社会生活的方方面面，推动社会主义核心价值观日常化、具体化、形象化、生活化。

（四）深化践行核心价值观活动载体的建设

2018年以来，海南广泛开展文明城市、文明单位、文明村镇、文明家庭、文明校园的创建活动，在深化"五大创建活动"载体的建设中，引导人们践行社会主义核心价值观。把农村精神文明建设与乡村振兴战略、脱贫攻坚结合起来，积极开展移风易俗、弘扬时代新风行动，让美丽乡村建设既"塑形"又"铸魂"。大力推进志愿服务制度化常态化，营造我为人人、人人为我的良好社会风尚。

三、培育和践行社会主义核心价值观的评价

培育和践行社会主义核心价值观凝结着海南全体人民共同的价值追求。但是，要让核心价值观真正融入海南人民社会生活的各个方面，转化为人们的情感认同和行为习惯，它是一个较长的过程。所以，为了客观评价海南人民培育和践行核心价值观的水平，我们仅通过2018年以来海南各市县践行核心价值观的测评来说明。

（一）核心价值观引领工程实效的评价

2018年至2019年10月，海南先后开展的六次社会文明大行动测评，每次突出重点，但每个季度坚持对各市县开展核心价值观引领工程的情况进行测评。从2018年第一季度对各市县的文化滋养与实践养成、法律和政策保障等测评结果看，社会主义核心价值观引领工程得

分最高的是三亚市，为 90.95 分，18 个市县的平均得分为 58 分，有 12 个市县低于 60 分，最低的临高和白沙只有 38.76 分（见表 6-1）。

表 6-1　2018 年第一季度 18 个市县社会主义核心价值观引领工程得分排序

序号	市县名称	得分
1	三亚	90.95
2	琼中	89.50
3	海口	79.64
4	琼海	79.64
5	乐东	75.00
6	儋州	68.10
7	东方	68.10
8	屯昌	54.57
9	昌江	53.81
10	保亭	51.05
11	万宁	49.05
12	文昌	49.05
13	澄迈	49.05
14	定安	44.29
15	五指山	44.00
16	陵水	39.14
17	临高	38.76
18	白沙	38.76

为考察社会主义核心价值观引领工程在基层社区的落实情况，对 18 个市县（含洋浦经济开发区）38 个社区的综合文化服务中心开展宣传文化、党员教育、市民教育、科普教育、普法教育等五类教育情况进行测评，得出社会主义核心价值观在社区综合文化服务中心的培育和践行情况排名（见表 6-2）。

表 6-2 2018 年第一季度社会主义核心价值观在各市县基层的培育和践行情况得分排序

序号	市县名称	得分
1	三亚	83.33
2	海口	83.33
3	儋州	80.00
4	东方	76.67
5	昌江	76.67
6	万宁	76.67
7	白沙	73.33
8	五指山	73.33
9	保亭	73.33
10	屯昌	73.33
11	临高	73.33
12	澄迈	73.33
13	定安	73.33
14	乐东	50.00
15	琼海	50.00
16	文昌	50.00
17	琼中	33.33
18	陵水	0.00

　　到了 2019 年第二季度，对各个市县社会主义核心价值观引领工程测评得分来看，最高的是"三亚市"，为 92.14 分。18 个市县的平均得分为 71.12 分，比 2018 年 18 个市县的平均分高出了 13.12 分，没有低于 60 分的市县，最低的临高县为 60.14 分（见表 6-3）。

表 6-3 2019 年第二季度 18 个市县社会主义核心价值观引领工程得分排序

序号	市县名称	得分
1	三亚市	92.14
2	海口市	88.93
3	琼海市	87.50
4	琼中县	84.29

续表

序号	市县名称	得分
5	陵水县	77.50
6	乐东县	76.43
7	五指山市	71.43
8	万宁市	68.21
9	澄迈县	68.00
10	儋州市	65.17
11	昌江县	64.29
12	保亭县	63.93
13	东方市	63.74
14	文昌市	62.71
15	定安县	62.59
16	白沙县	61.79
17	屯昌县	61.43
18	临高县	60.14

（二）践行核心价值观，争创中国特色社会主义的生动范例

"争创中国特色社会主义生动范例，谱写美丽中国海南篇章"既是习近平总书记对海南发展的殷切期待，也是海南未来发展的战略安排。2018—2019年，各地各部门把开展社会文明大行动作为推进新时代海南社会主义精神文明建设的有效载体，作为加快建设美好新海南的有效实践。各地以习近平新时代中国特色社会主义思想为指导，深入开展社会主义核心价值观宣传教育，引领广大干部群众在投身美好新海南建设实践中形成有自信、尊道德、讲奉献、重实干、求进取的新风貌，为争创中国特色社会主义生动范例，开创新时代中国特色社会主义新局面提供强大的思想保障、精神力量和文化支撑。

但是，各市县培育和践行核心价值观工作还不平衡。主要问题表

现为：一是绝大部分市县主次干道、商业大街普遍存在无讲文明树新风公益广告现象，在公交车、景区景点、旅游景区、风景旅游区等点位普遍存在无社会文明大行动公益广告；二是大部分市县存在城市社区、小区无市民公约现象；三是部分市县景区景点、风景旅游区无行业规范；四是部分市县社区综合文化服务中心无符合标准的宣传文化、党员教育、市民教育等活动室，也没有开展相关的活动。

以上也说明，培育和践行社会主义核心价值观，非一朝一夕，不是能靠临时突击能见效的。所以，海南的社会文明大行动，要明确要以社会主义核心价值观为引领工程，不断地建设完善"引领工程"，才能使核心价值观成为海南人民的"形"和"魂"。

第七章　海南的"崇德有礼"实践

中华文化源远流长，积淀着中华民族最深层的精神追求，代表着中华民族独特的精神标识，为中华民族生生不息、发展壮大提供了丰厚滋养。习近平总书记指出："要认真汲取中华优秀传统文化的思想精华和道德精髓，大力弘扬以爱国主义为核心的民族精神和以改革创新为核心的时代精神，深入挖掘和阐发中华优秀传统文化讲仁爱、重民本、守诚信、崇正义、尚和合、求大同的时代价值。"[1]

因此，建设崇德向善、文化厚重、和谐宜居的文明城市，是新的历史条件下文明创建的重要内涵，也是当代中国社会文明的主要价值取向。2018年以来，海南各市县通过"文明有礼的海南人""礼让斑马线、文明我点赞"等文明交通行动、文明教育行动，推进海南的"崇德有礼"实践。

---

[1]　2014年2月24日，在中共中央政治局第十三次集体学习时的讲话。

一、广泛开展"文明有礼的海南人"活动

（一）继续深化"礼让斑马线"活动

2018 年以来，海南不断深化"礼让斑马线"主题活动，推动党政机关、企事业单位工作人员和公交车、出租车行业的驾驶员，率先垂范，做"文明礼让斑马线"的实践者。在全国第 16 个"公民道德宣传日"，海口市公安局交警支队以"做文明有礼海口人"为主题，联合老陶义工社在海口市长堤路开展"礼让斑马线"的交通文明宣传活动，呼吁广大驾驶人自觉养成斑马线前礼让行人的良好习惯。琼海为保障行人过马路的安全性，倡导"礼让斑马线"的良好风尚。琼海在安装机动车不礼让行人抓拍设备的基础上，增加"人芯智能斑马线"系统。该系统新增高清视频监控、信号机、行人过街语音提示器以及进行播放标语提示的 LED 交通显示屏，当行人等待过街时，只需站在等候区内就能被感应识别，留给过往车辆一定缓冲时间后即亮起红灯，方便行人过街。当行人闯红灯时，系统还会自动发出语音提醒。

同时，完善道路交通基础设施，设置"礼让斑马线"标识标志，加大对机动车不礼让斑马线、电动车（行人）闯红灯等交通违法行为的执法力度，着力规范交通秩序。发展壮大文明劝导志愿者队伍，组织志愿者对车辆不礼让斑马线、行人在斑马线上闯红灯等不文明行为进行劝导。开展常态化新老驾驶员的交通安全教育，增强他们的交通安全意识和文明素养。实施不文明行为曝光抄告制度，不断升级礼让斑马线的整治强度。探索建立嘉许激励机制，动员广大车辆驾驶员主动"礼让斑马线"，争当海南"好车主"。

（二）广泛开展"文明排队"活动

根据海南的实际情况，在重要时间节点、时段、行业、人群、单位组织开展"排队礼让，做文明使者"系列主题活动，通过宣传、教育、劝导、整治等方式，突出围绕乘车排队、办事排队、学校排队、就医排队、消费排队、游览排队、观演排队、电梯排队等重点，因地制宜探索设立排队软硬隔离设施，着力做好车站码头、公交站点、学校社区、窗口单位、旅游景点、商场医院、影院场馆等重要点位的文明排队礼让工作。2018 年以来，海南省许多人流密集的公共场所立足实际，采取多种措施引导人们文明排队。海口美兰国际机场将安检通道做了区分，设置了女性专用安检通道。这样区分，是因为男女旅客共用一条安检通道时，当女性旅客连续过检，男性安检员就只能在旁边等候，无疑会影响验放速度，增加旅客候检时间，而设立女性通道可以很好地解决这一问题。省歌舞剧院在观众进入剧院和剧场时分别设有一道关卡。剧院门口的关卡分为"有行李观众"和"无行李观众"两个通道，没有携带行李的观众可以从"无行李观众"通道排队快速进场；剧场门口的关卡则分为"单号"和"双号"两个通道，观众可根据手中的票券选择通道入场并迅速找到座位落座。

海南环岛高铁贯通后，不少游客将乘坐高铁作为环岛旅行的首选。为了应对客流量突然增加给车站管理带来的压力，各高校、群团组织、社会团体、爱心企业纷纷派出志愿者，在各市县火车站引导人们文明排队，引导海南市民养成自觉有序排队的良好习惯，使有序排队、文明礼让成为海南社会文明大行动的新亮点。

（三）广泛开展"文明观赏"活动

重点围绕文明观演、文明观赛、文明观影等主题，引导海南各个场馆（影院）制订文明观看守则和公约，在显要位置张贴展示，演出（播出、比赛）开场之前反复播音提示，教育引导文明观赏、热情观赏、有序观赏。各市县组建文明观赏引导行动志愿者队伍，组织志愿者到演出（比赛）场馆开展文明观赏引导服务，通过知识普及、礼仪宣讲、行为引导等多种形式带动市民遵守文明观赏行为规范，文明观赏、有序进退场。组织开展观赏礼仪座谈会，邀请场馆的观赏礼仪专家、志愿者交流基本礼仪，推送观赏礼仪动画片、书籍等，结合参观场馆、观摩演出、观看比赛等方式，让观众学用结合、养成自觉。

（四）广泛开展"文明待客"活动

海南结合"百日大招商"和"百万人才进海南行动计划"，以招商部门、行业组织、旅游企业、窗口单位、社会公众和广大游客为重点，引导广大干部群众增强文明好客意识，争做好客东道主，努力向中外游客及投资企业提供规范化、细致化、个性化服务，打造一流的旅游、营商环境。广泛开展"文明待客"主题礼仪宣传教育，着力提升全省公民的文明待客素养，引导人们热情待客、文明待客，主动为游客提供方便服务，热情耐心帮助游客，积极为他们排忧解难。不断建立完善城市游客咨询中心、集散中心、A级景区等旅游集散场所旅游志愿服务工作站，组织开展常态化文明旅游引导、游览讲解、旅游咨询、卫生清理、特殊群体帮扶等志愿服务活动，让广大游客感受、体验海南的人文之美。

（五）广泛开展"学礼守礼"活动

针对当前道德领域中的突出问题，结合社会公德、职业道德、家庭美德、个人品德教育，大力宣传普及文明行车、文明乘车、文明走路、文明就餐、文明观赏、爱护公物、保护环境等礼仪知识，切实纠正不文明行为，提升公民文明礼仪素养。

海口市龙华区启动"告别不文明行为　做文明有礼的海口人"宣传活动，志愿者在海口市人民公园附近路段开展文明劝导活动。海口退休老人陈华梅当交通志愿者已有两年，她经常穿着志愿者马甲，站在中山路和建国路交叉口，对闯红灯、电动车载人等不文明行为进行劝导。行人过马路时，看到有机动车自觉停下来礼让，陈华梅高高举起手中的指示牌，上面写着"为你的礼让点赞"。其宣传活动不断推动海南各重点行业、窗口单位等完善文明礼仪规范，抓好服务态度、提升服务质量，不断规范仪态、服饰、语言等方面礼仪要求，为广大市民做出良好示范。

公共交通是向市民、游客宣传文明礼仪的重要平台之一。2019 年 6 月 5 日，三亚市出租车文明车队正式成立，8 家出租车企业共同组建了一支以"传播爱心、热心公益、真情服务"为行动纲领的服务示范标兵车队，首批招募 136 名的哥、的姐参与。文明车队的驾驶员需要认真执行出租汽车客运行业服务规范，乐于参加爱心助学、免费接送考生等各类社会公益活动，出租车行业被称为"城市名片"。出租车驾驶员队伍的素质代表着一个城市市民的整体素质，三亚市出租车协会相关负责人表示。

对于"窗口单位"的工作人员来说，学习政务礼仪能够增进亲和力，提升和市民沟通的效果。2019年6月12日，海口秀英区海秀街道组织了一场文明礼仪知识讲座，邀请了礼仪形象专家、国家高级心理师王喆，从基本礼仪规范、言语礼仪、行为礼仪、交际活动礼仪、服饰与形象塑造、良好的人际关系、沟通技巧、政务接待礼仪和餐饮礼仪等方面进行了详细讲解。"收获很大，没想到简单的问候、询问有这么多的学问。我们一句话的语气、一个简单的动作都会影响办事市民的情绪。"海口港社区网格员柯维亮说。

在乡村，为了使文明礼仪深入千家万户，多个市县广泛开展传承优秀家风家训活动。"家庭以和为贵，人生以善为本""家庭和睦，遵纪守法，团结邻里，与人为善"……在海口市秀英区石山镇施茶村，村民把家训钉在自家大门口，村里专门建起了家训展览馆。石山镇委书记胡余亨表示，弘扬优秀家风家训，不仅能让村民"记得住乡愁"，还是以家风带党风促政风正民风的良好载体，为美丽乡村建设、全域旅游发展、百姓生活改善提供了文化支撑。

二、全面推进海南的"文明教育行动"

2018年以来，各市（县）通过"文明礼仪教育""科学知识教育""法制宣传教育"活动，推进海南的"文明教育行动"。

（一）文明礼仪教育活动

2018年以来，海南通过广泛开展文明参观、文明观赛、文明待客、学礼守礼等系列教育实践活动，引导人们自觉遵守社会公共秩序；

通过文明礼仪的知识竞赛、培训讲座、情景模拟、文艺节目、发放文明礼仪读本等方式，广泛开展生活礼仪、社交礼仪、公共礼仪、公务礼仪、外事礼仪等教育活动，普及文明礼仪知识，推动文明礼仪走向实践。

学习文明礼仪需要从娃娃抓起。谦恭、尊敬、礼让……中国传统经典中处处蕴含着对礼仪的阐释。2019年6月15日，海口举办中小学"我们的节日·端午"中华经典诵读比赛。台上，学生们身着古装，慷慨激昂，通过对古诗词的演绎，带领观众重温中华经典。海口市第十四中学初一学生王虹颖说，参加朗诵比赛让她更加深入地了解了中国传统文化，今后将"铭记在心，常思其意"。

（二）科学知识教育活动

2018年以来，海南按照《中国公民科学素质基准》，扎实推进全民科学素质行动计划，普及科学知识、弘扬科学精神、传播科学思想、倡导科学方法；加强科技馆、科技活动中心、青少年科技活动站等阵地和设施建设，推动优质科普资源开发开放，不断提高青少年的科学兴趣、创新意识、学习实践能力，提高城镇劳动者和广大农民的科学生产生活能力。

（三）法制宣传教育活动

2018年以来，海南积极开展宪法以及与群众生产生活密切相关法律法规的学习宣传，增强全社会尊法学法守法用法意识，全民法治宣传教育的普及率≥80%；深入学习宣传习近平总书记关于全面依法治国的重要论述，落实《关于完善国家工作人员学法用法制度的意见》，把宪法法律列入党委中心组学习内容，列为党校必修课；同时通过加强信用信息安全生产、劳动合同、道路交通、公共卫生、劳动和社会保障、社会救济等方面法律法规的宣传教育，增强全社会的安全生产意识和保护劳动者合法权益的意识；普及知识产权法律法规，培养全社会尊重劳动、尊重知识、尊重人才、尊重创造的观念，促进形成自主创新的良好社会氛围；加大妇女权益保障、老年人权益保障、残疾人权益保障、未成年人保护等相关法律法规宣传力度，维护特殊群体的合法权益。

三、积极开展"诚信践诺行动"

（一）加强信用基础建设

加快建设全省"一网三库一平台"，即海南诚信网、社会法人信用基础数据库、自然人信用基础数据库、金融信用信息基础数据库及统一的信用信息共享平台，基本形成覆盖全省的信用信息网络。完善征信法规体系，制定公共信用信息收集、记录归档与使用管理规定，个人、企业信用征信管理办法等。完善信用信息基础数据库，基本实现信息采集全覆盖。完善信用体系标准，制定全省统一的信用信息采集和分类管理标准，统一信用指标目录和建设规范。

（二）深入推进社会信用体系建设

加强政务诚信建设，以党政机关工作人员的诚信服务带动全社会的诚信建设。推进商务诚信、社会诚信和司法公信建设，加快建立覆盖全社会的征信体系，健全信用信息管理制度，推动各个部门信用信息的共建共享。建立"双公示"（行政许可、行政处罚）"红黑榜"发布制度，推进"信用海南"建设。健全多部门、跨地区、跨行业的守信联合激励和失信联合惩戒机制，增加守信红利、提高失信代价。

（三）加强诚实守信宣传教育

大力弘扬中华民族重信守诺的传统美德，普及与市场经济和现代治理相适应的诚信理念、规则意识、契约精神，培育现代诚信文化。抓住"食品安全周""诚信兴商宣传月""全国质量月""3·15"消费者权益日、"6·14信用记录日""12·4"全国法治宣传日等重要时间节点和节假日，利用举办大型经贸活动、商品博览会等有利时机，提高宣传频率，形成强大宣传声势。

（四）构建诚信建设奖惩长效机制

建立健全诚信守信典型选树机制，宣传群众身边践诺守信的凡人善举，宣传百年老店，宣传靠信誉打造品牌、赢得市场的诚信企业。建立健全联合惩戒机制，推动有关部门和单位对列入"黑名单"的失信者，按照失信类别和程度，制定行政性、市场性、行业性、社会性的惩戒措施。建立突出问题专项整治长效机制，深入开展道德领域突出问题专项教育和治理活动，针对诚信缺失问题突出、诚信建设需求迫切的行业领域开展专项整治。完善诚信监管体系，从源头上遏制失信行为。

通过开展诚信践诺行动，到2022年，全省诚信建设制度化取得重要成果，建成全省统一的公民和组织守法信用记录平台，全社会诚信意识全面提升。

四、不断提高"文明旅游行动"的水平

（一）加强公民旅游文明素质教育

认真贯彻落实《中国公民国内旅游文明公约》《中国公民出境旅游文明行为指南》要求，海关、口岸、机场、车站、港口码头、酒店、旅行社、旅游景区等单位，结合行业特点和管理职能制订实施细则，持之以恒开展公民旅游文明素质教育。积极开展文明旅游进社区、进学校、进企业活动，宣传旅游知识和法律法规，将文明旅游知识送到群众家门口，让文明旅游知识进课堂，把文明理念普及到最基层。

（二）开展文明旅游实践活动

组织开展文明旅游形象大使、文明导游、文明旅行社、文明游客、文明岗位、文明餐桌、文明旅游接待服务单位的主题实践活动，把提升公民旅游文明素质贯穿到为游客服务的各个环节。旅游风景区要通过制作发布公益广告、设立文明监督岗、评选文明游客等方式，教育引导游客文明游览。商业网点、餐饮服务场所要加强对从业人员的文明礼仪、职业道德教育和管理，加强环境建设和行业信用体系建设，培育以人为本、诚实守信的商业文化和旅游环境。

（三）建立旅游文明长效机制

落实好国家旅游局印发的《游客不文明行为记录管理暂行办法》，建立游客不文明行为"黑名单"，加强对游客不文明现象的管理约束。建立公民旅游文明教育考核制度，对旅行社履行教育游客职责实施有效管理和考核。健全完善行业规范，发挥旅游协会、旅行社协会等行业组织作用，加强对导游、领队的管理，及时清理不具备资质的导游，

引导从业人员自觉担当起维护国家和行业形象的责任。

（四）提升旅游服务国际化水平

贯彻落实《海南省人民政府办公厅关于规范设立公共场所外语标识语的通知》，加强外语环境建设，切实做好公共场所外语标识语的规范和设立工作，在主要道路、机场、车站、码头、景区景点等公共场所设置清晰、规范的汉英、汉日、汉俄标识牌，营造良好的旅游氛围，给在琼的外国专家、外国友人及各国游客的工作、生活、参观旅游提供指引便利。内提素质，外树形象，切实做到服务标准国际化。抓好旅游厕所建设，让"厕所革命"成为体现国际化水平的一个亮点。

通过开展文明旅游行动，助力海南国际旅游岛建设，提升旅游岛文明开放程度，使广大游客处处感受到海南好客、友善、文明的新风貌。

五、深入开展"文明交通行动"

2018 年以来，海南根据建设国际文明旅游岛的需要，深入开展"文明交通行动"。

（一）开展文明交通宣传

2018 年以来，利用现代传播新媒介，普及文明交通常识，传播自律、包容、文明、礼让的现代文明交通理念，推动建立与现代社会相适应的交通文明观；制作刊播文明交通公益广告，增强文明交通意识；鼓励开展"交通违法随手拍""典型案例大曝光"等媒体行动，传播交通安全知识、文明理念、行为准则；实施城市道路交通文明畅通提升行动计划，车辆、行人各行其道，争取做到无违反交通信号通行、逆行、行人非机动车不按规定横过道路现象，乘客排队候车（船）或依次上下车（船）；加快交通出行领域信用记录建设，推动信用信息共享和应用；建立文明交通守信联合激励和失信联合惩戒机制。

（二）集中开展交通违法整治

2018年以来，海南从三个方面开展交通违法整治。

一是规范出租车运营市场，开展出租车争做文明使者活动；加大对出租车车容不整洁、语言不文明、行车不规矩、欺客拒客宰客等问题的整治力度。

二是以城市中心区、核心区为重点区域，严厉打击闯红灯、套牌假牌、酒驾醉驾毒驾等严重交通违法行为。全省公安机关集中开展酒驾、醉驾、毒驾统一夜查、百日安全行动等10个专项行动，大力整治交通违法乱象，对严重交通违法行为依法实行顶格处罚。结合省新修订的禁毒管理条例，进一步明确毒驾人员交通安全管控措施，严肃人员责任追究，以高压严管态势全面规范路面出行秩序。继党的十九大交通安保"最严执法"后，全省查处道路交通违法量再创新高，实现了路面交通秩序持续好转。2018年攻坚战开展以来，全省统一开展整治行动250余次，查处道路交通违法行为329万余起，其中现场执法查处违法行为85万余起，查处酒驾、毒驾等13类严重交通违法行为17万余起。

三是严查违法停车、违章变道、不按规定让行以及非机动车逆行、行人闯红灯等交通违法行为，严管电动自行车、低速电动车、工程运输车通行秩序。交通运输、公安交警联合开展全省治超突击行动，实行异地用警、交叉执法、跨区联动，明察暗访重点货源地，集中曝光违法乱象，不定期开展全省统一查处行动，加强重点区域管控，重点打击"百吨王"超限运输。一年来，全省开展联合治超 8600 多次，共查处货车超载违法行为 8430 起、货车非法改装 4520 起，重中型货车事故起数、死亡人数同比下降 25.9%、25.6%，有效遏制了重中型货车交通肇事高发势头。

（三）完善海南的交通设施

以优质服务、优良路况、优美环境为主要标志，开展文明样板路创建活动，推动城区交通安全设施完善、道路环境改善。

一是加快生命防护工程建设，推进施工安全标准化，完善与道路等级相匹配的交通标志、标线和安全防护设施，要求全省所有新建、改扩建道路必须严格按照全国及海南省最新公路工程相关技术标准的要求设计、施工，落实道路交通安全设施的规范有效设置，建立一道生命的防护墙。

二是全力开展全省公路拉网式、"体检式"安全隐患排查治理，实现隐患排查、登记、评估、报告、监控、治理、销账全过程记录和闭环管理，彻底消除海南省道路交通隐患。

三是加强道路交通应急体系建设，完善道路交通应急管理预案体系、指挥体系、安全监测体系，各市县建立应急救援清障队伍，全省要建立高速公路交通应急救援队伍，补齐海南省道路交通应急救援能力不足的短板。

四是加强道路交通安全人才队伍建设，建立道路建设技术标准及隐患排查专业人才培养机制，解决海南省道路交通安全人才不足问题。

全面摸排城市主次干道交通堵点、乱点和安全隐患点，推动整改治理；完善快速路、主干路、次干道和支路，打通"断头路"，提高城市路网通达性；完善道路交叉口交通渠化设计，改进道路工程、市政工程等施工期间的道路交通组织和安全管理，最大限度减少施工对道路交通的影响；科学系统设置城市交通指路系统，确保指路标志设置层次清晰、系统，传递信息明确、连续；优化交通信号控制技术，提升交叉口通行效率。

六、海南文明交通行动的实践

2018 年以来，海南以打造自由贸易试验区和中国特色自由贸易港的良好社会环境为目标，推进文明交通的实践。

（一）各市县广泛开展文明交通行动

2018 年以来，海南各市县广泛开展文明交通宣传，开展文明交通行为示范、交通违法常态化整治、文明样板路创建。昌江县在县城区昌江大道、人民北路、人民南路、东风路、环城路及建设西路等进行升级改造；翻新城区道路交通标线 3241 平方米，完善县城区主干道交通信号灯、违章抓拍以及建设交通指挥中心系统，打造安全畅通的文明出行环境，昌江县领导以身作则，带动各单位利用周末时间在城区主要交通路段开展文明交通劝导志愿服务活动，营造了文明有序的交通秩序；三亚市交通运输局、综合行政执法局、公安局交通警察支队梳理了行业易出现的十类不文明行为，并制定了相应的处罚措施，联合惩戒十类不文明行为，向不文明交通行为宣战。海口交警开通"随手拍"举报平台，市民可以通过平台提供道路交通违法、交通肇事逃逸线索，经查证属实并依法作出行政处罚决定后，举报人将获得微信红包奖励。

（二）开展文明交通行动的测评

2018年第一季度对海南18个市县的文明大行动绩效开展测评，18个市县的平均分为70.19分，但洋浦经济开发区、澄迈、临高文明交通行动测评结果均低于60分。

但是，各市县经过2年的文明交通行动，18个市县的平均得分为77.55分，没有哪个市县得分在70分以下（见表7–1）。

表7–1　2019年第三季度海南18个市县文明交通行动得分排序

序号	市县名称	得分
1	三亚市	80.95
2	文昌市	80.81
3	五指山市	80.70
4	屯昌县	80.70
5	白沙县	79.82
6	临高县	79.82
7	乐东县	79.58
8	保亭县	79.09
9	万宁市	77.19
10	陵水县	77.19
11	昌江县	76.32
12	琼中县	76.32
13	儋州市	76.32
14	海口市	75.44
15	澄迈县	75.44
16	琼海市	74.56
17	定安县	72.81
18	东方市	72.81

显然，海南文明交通行动的成效显著，两年时间提高了 7.36 分，同比增长了 10.5%。

（三）文明交通环境有所改善，但点位符合率仍偏低

1. 主要交通路口秩序仍较混乱

对海南 18 个市县主要交通路口的车辆行人各行其道、违反交通信号通行现象、礼让行人等 224 个项目测评，测评结果的符合率仅有 43.30%，略高于第二季度符合率 41.56%，主要交通路口符合率情况见表 7-2。

表 7-2　海南主要交通路口符合率、基本符合率、不符合率情况

	点位数量	测评项目	符合数	符合率 (%)	基本符合数	基本符合率 (%)	不符合数量	不符合率 (%)
主要交通路口	56	224	97	43.30	77	34.38	50	22.32

海南 18 个市县主要交通路口测评结果：除了"保亭"符合率 66.67% 之外，其他 17 个市县符合率均为 60% 以下（见表 7-3）。

表 7-3　海南 18 个市县的主要交通路口符合率排名

序号	市县	符合率（%）
1	保亭	66.67
2	琼中	58.33
3	文昌	50.00
4	临高	50.00
5	儋州	50.00
6	昌江	50.00
7	五指山	50.00
8	万宁	50.00
9	陵水	50.00
10	澄迈	41.67

续表

序号	市县	符合率（%）
11	白沙	41.67
12	东方	41.67
13	琼海	33.33
14	屯昌	33.33
15	乐东	33.33
16	海口	25.00
17	定安	25.00
18	三亚	25.00

2. 主次干道基础设施不完善、交通秩序混乱

对海南 18 个市县主次干道的车辆行人各行其道、交通信号设施完善程度、机非分离等 494 个项目测评的情况，测评结果的符合率仅有 58.70%，略高于 2018 年第二季度符合率 58.67%，主次干道符合率情况见表 7–4。

表 7–4   海南主次干道符合率、基本符合率、不符合率情况

	点位数量	测评项目	符合数	符合率(%)	基本符合数	基本符合率(%)	不符合数量	不符合率(%)
主次干道	38	494	290	58.70	79	15.99	125	25.30

海南 18 个市县主次干道测评结果：除了"万宁""保亭""三亚""乐东""海口""琼中"之外，其他 12 个市县符合率均为 60% 以下（见表 7–5）。

表 7–5   海南 18 个市县的主次干道符合率排名

序号	市县	符合率（%）
1	万宁	80.77
2	保亭	69.23
3	三亚	69.23

续表

序号	市县	符合率（%）
4	乐东	65.38
5	海口	61.54
6	琼中	61.54
7	文昌	57.69
8	定安	57.69
9	屯昌	57.69
10	陵水	57.69
11	琼海	53.85
12	临高	53.85
13	白沙	53.85
14	儋州	53.85
15	昌江	53.85
16	五指山	50.80
17	澄迈	50.00
18	东方	50.00

海南18个市县主次干道存在问题主要是以下两个。

一是基础设施不完善：除"万宁"之外的其他17个市县主次干道均无公共卫生间；除"定安""琼海""三亚"之外的其他15个市县均存在机非未分离问题（包括无非机动车车道、无隔离栏）；"万宁""临高""澄迈"未设置指路标识牌；"琼中"交通信号灯损坏。

二是交通秩序混乱：18个市县均存在车辆及行人未各行其道现象；除"陵水"之外的其他17个市县在测评中均发现了乱穿马路现象；除"白沙""保亭""澄迈""临高""琼中""万宁"之外的其他12个市县均发现了非机动车逆行现象。

3.商业大街基础设施不完善、交通秩序混乱、无诚信宣传

对海南18个市县商业大街交通设施建设、旅游服务国际化水平等

252 个项目测评，结果发现符合率仅为 56.75%。商业大街符合率情况见表 7–6。

表 7–6　海南商业大街符合率、基本符合率、不符合率情况

	点位数量	测评项目	符合数	符合率(%)	基本符合数	基本符合率(%)	不符合数量	不符合率(%)
商业大街	18	252	143	56.75	34	13.49	75	29.76

海南 18 个市县的商业大街测评结果：除"乐东""五指山"外，其他 16 个市县商业大街符合率均低于 70%，且其中多达 14 个市县的商业大街符合率低于 60%（见表 7–7）。

表 7–7　海南 18 个市县的商业大街符合率排名

序号	市县	符合率（%）
1	乐东	92.86
2	五指山	71.43
3	临高	64.29
4	琼中	64.29
5	海口	57.14
6	琼海	57.14
7	澄迈	57.14
8	屯昌	57.14
9	白沙	57.14
10	保亭	57.14
11	儋州	50.00
12	昌江	50.00
13	东方	50.00
14	万宁	50.00
15	陵水	50.00
16	三亚	50.00
17	文昌	42.86
18	定安	42.86

海南 18 个市县商业街测评发现的主要问题有以下三个。

一是基础设施不完善：在测评中发现除"乐东""临高""五指山"之外的其他 15 个市县均存在商业大街无公共卫生间的问题；同时，除"儋州""东方""乐东""海口""琼海""屯昌""五指山"之外的其他 11 个市县均发现了机非未分离问题，包括无非机动车道及无隔离栏；"临高""陵水"未设置指路标识牌、无交通信号灯。

二是交通秩序混乱：除"乐东""三亚""五指山"之外的其他 15 个市县商业大街存在车辆未各行其道问题；除"澄迈""海口""乐东""琼海""琼中"之外的其他 13 个市县发现了乱穿马路现象；"三亚""东方""五指山""儋州""定安""文昌""海口""澄迈""琼海" 9 个市县发现了机动车及非机动车逆行现象。

三是无"践诺诚信"的示范街、示范店：除"白沙""保亭""澄迈""陵水""琼中"之外的其他 13 个市县的点位均无诚信经营示范店、无诚信经营示范街。

4. 各市县的出租车不规范运营问题仍较严峻

对海南 18 个市县出租车的车容整洁、文明语言、是否拒客宰客等 52 个项目测评，结果发现不符合率高达 75.00%，高于 2018 年第二季度不符合率 74.44%，出租车符合率情况见表 7-8。

表 7-8　海南出租车符合率、基本符合率、不符合率情况

	点位数量	测评项目	符合数	符合率(%)	基本符合数	基本符合率(%)	不符合数量	不符合率(%)
出租车	18	52	6	11.54	7	13.46	39	75.00

　　测评工作人员在海南每个市县随机扬招 5 辆出租车进行测评，18 个市县共测 90 辆出租车，各市县出租车存在的主要问题是以下三个。

　　一是拒载：测评中发现除"海口""陵水""万宁"之外的其他 15 个市县的出租车均发现了拒载问题。在测评工作人员告知司机目的地后，司机以路程太近、不跑市内、正在休息等理由拒绝载客。

　　二是无机打发票：测评组在"万宁""三亚""临高""定安""澄迈""陵水"这 6 个市县的多辆出租车发现无机打发票问题，司机以发票打印机器损坏为理由或全程不打表，行程结束后不提供机打发票。

　　三是宰客现象：测评组在"万宁""儋州""定安""昌江""陵水"这 5 个市县的多辆出租车发现了宰客问题，在测评工作人员告知司机目的地后，司机直接开出一口价，且高于该行程的正常打表价格。

第八章　海南的文明单位创建

2018 年以来，海南在各市县广泛开展社会文明大行动的同时，不断深化"文明城市""文明单位""文明村镇""文明家庭"和"文明校园"五大创建活动。本章着重阐释海南的文明单位创建实践。

为了全面掌握海南的文明单位创建实践情况，海南省文明办于2018 年 12 月至 2019 年 3 月，组织"海南文明单位创建工作调研课题"专家和实际工作者，先后调研了 7 个企业类文明单位（中国电信股份有限公司海南公司（本部）、中国南方电网海南电网公司儋州供电局等），3 个机关类文明单位（海口市国家税务局、海口市琼山区委宣传部等），3 个事业类文明单位（海南省人民医院、海南日报社等）。在对上述 13 个全国和省级文明单位调研的基础上，修订海南的文明单位测评体系，并以新的测评体系引导海南的文明单位在深化创建活动中，参与海南的社会文明大行动。

一、以海南文明单位测评体系引导文明单位创建

2019 年版《海南省文明单位测评体系》设置了 5 个测评项目，60

条测评标准，引导海南各级单位深化文明创建工作。

（一）文明单位的政治建设有力，创建机制健全

新时代文明单位的政治建设有三条要求。

1. 文明单位的政治学习

一是深入学习贯彻习近平新时代中国特色社会主义思想，抓好《习近平谈治国理政》第一卷、第二卷和《习近平新时代中国特色社会主义思想学习纲要》的学习，制订系统学习方案，完善督查考核办法；二是推进"两学一做"学习教育常态化制度化，开展"不忘初心、牢记使命"主题教育，引导干部群众增强"四个意识"，坚定"四个自信"，坚决做好"两个维护"，在思想上、政治上、行动上与以习近平同志为核心的党中央保持高度一致；三是加强基层思想政治工作，持续开展中国特色社会主义和中国梦学习教育，宣传统筹推进"五位一体"总体布局和协调推进"四个全面"战略布局的生动实践，开展新发展理念学习教育，开展形势政策宣传教育，坚定中国特色社会主义道路自信、理论自信、制度自信、文化自信。

2. 文明单位党的建设

一是贯彻落实上级党组织关于基层党组织建设的各项制度，结合本单位实际制订党建工作计划，切实有效推进本单位的党建工作。二是健全完善党建工作责任清单，以党的政治建设为统领推进全面从严治党主体责任深化落实；党组织负责人履行本单位党建"第一责任人"职责，抓好班子，带好队伍。三是深入推进党风廉政建设，落实党风廉政建设责任；勤政廉洁，开拓创新，在测评前一年，上级主管部门

对领导班子业务工作和党的建设工作进行年终考核。

3. 文明单位创建机制

一是建立文明单位创建工作领导机构；二是班子主要成员亲自抓文明创建活动，把创建文明单位摆上重要议事日程，每年专题研究精神文明建设工作会议不少于两次，有创建规划，有具体保障措施，列入绩效考核；三是资金保障到位，每年投入群众性精神文明创建活动的经费不低于日常办公经费的 8%，并实现逐年增长；四是持续开展创建文明单位活动，创建知晓率达 100%。

（二）文明单位业务实绩显著，社会声誉良好

1. 不同行业文明单位的业务实绩

——机关、窗口、管理服务单位：一是深入开展文明诚信服务主题活动，有活动方案，有制度规范和服务承诺，有文明诚信服务常态化管理措施，业务实绩和文明诚信服务水平处于全省同行业领先水平；二是有代表本单位业务水平的成果和文明诚信服务先进典型、标兵（个人或群体），对文明诚信服务先进集体、先进个人进行表扬奖励；三是落实"双随机、一公开"监管，推进政府综合执法，完善行政执法管理。

——教育科研单位：一是加强自主创新，建设创新型团体，教学、科研成果优异；二是校风、教风、学风良好，业务实绩和服务水平处于全省同行业领先水平；三是有代表本单位创新发展的品牌项目，或创新发展的先进典型。

——生产经营单位：一是经济效益和社会效益稳步提高，主要经济

指标居于本行业或本省同类型单位前列；二是有代表本单位业务水平、知名度高的名牌产品。

——"两新"组织：一是为民办实事，办好事，在全省同行业内有较高知名度；二是有代表本单位业务水平的成果和先进典型（个人或群体）；三是能够严格依法开展工作，守信光荣、失信可耻的氛围较浓。

2. 文明单位道德实践

一是开展社会公德、职业道德、家庭美德、个人品德教育，引导干部职工向往和追求讲道德、尊道德、守道德的生活；二是加强职业道德建设，增强为民服务意识，倡导爱岗敬业、诚实守信、办事公道、服务群众、奉献社会的职业道德；三是培育和践行社会主义核心价值观，有体现核心价值观内容的氛围布置，设有引导崇德修身、向善向上的道德宣传栏、广告牌或温馨提示语，核心价值观、文明单位创建等公益广告宣传氛围浓厚。

3. 文明单位文明风尚

一是积极开展"文明有礼海南人"为主要内容的素质教育活动，设置遵德守礼宣传阵地，营造向善向好的文明氛围，干部职工自觉修身律己，有良好的行为修养，言语文明，举止得体；二是积极开展"文明班组、文明科室、文明岗位，文明职工、文明家庭"等群众性精神文明创建活动，各类文明创建率、知晓率、满意率≥95%；三是开展学习宣传先进模范的主题实践活动，开展道德模范、身边好人等评选推荐活动，引导职工助人为乐、见义勇为、诚实守信、敬业奉献、孝老爱亲，形成见贤思齐、争当先进的单位风气。

4. 文明单位诚信建设

一是诚信建设及实际成效居于同行业前列，纳税信用等级、财务会计信用等级、预算信用等级评定等达到 A 类（仅适用于企事业单位）；二是经常开展集中性的诚信主题教育实践活动，加强职工个人信用建设，无职工重大信用不良事件；三是树立单位良好的社会诚信形象，自觉履行社会责任，积极参与海南的"诚信践诺"行动。

5. 文明单位社会声誉

一是本单位员工无因违反社会公共秩序和社会公德而造成重大不良社会影响的行为；二是本单位无被主流媒体曝光的社会影响恶劣的不良行为事件；三是建立高效投诉处理机制，投诉办结率 ≥ 98%；四是无重大失信败德事件；五是对本单位社会形象的评价 ≥ 90%。

（三）文明单位民主管理规范，干群关系和谐

1. 文明单位民主管理

一是领导班子作风民主，密切联系群众；二是工会、职代会等民主管理机构健全，及时处理群众投诉、意见和建议回复 ≥ 95%，职工合法权益得到有效保护，劳动关系和谐，未发生劳资纠纷群体事件；三是党务、政务、财务或厂、校务等公开，制度运作透明。

2. 文明单位人际关系

一是管理决策层团结协作，群众威信高；关心职工工作、学习、生活和健康，出台相关措施或开展相关活动，正确及时处理单位员工利益矛盾，积极帮助解决单位职工及其家庭的突发性困难和危机事件。

二是本单位人际关系和谐，受到职工普遍认可。

3. 文明单位综合治理

一是社会治安综合治理措施落实，健全和完善单位内部监督、消防、安全、危机处理等管理制度，安全教育和安全生产落实；二是实现省政府年度安全生产控制目标，无重、特大安全质量责任事故发生；三是及时掌握社情民意，主动做好矛盾纠纷的化解工作，积极参与处置群体性事件；四是单位无"黄、赌、毒"现象，无邪教活动。

4. 文明单位法制宣传教育

一是法制教育年度有计划，经常开展群众性法治文化活动，年终有总结，有考核；二是法制宣传教育的普及率 ≥ 80%。

（四）文明单位环境优美整洁，卫生环保达标

1. 文明单位环境卫生

一是认真执行城市市容和环境管理的有关规定，单位门前区域环境整洁美观，绿化美化好，无脏、乱、差现象；二是开展低碳环保等宣传和实践活动，在职（员）工中大力倡导垃圾分类理念，积极参与社区（村）垃圾分类工作；三是达到省爱国卫生运动和环境保护工作要求。工业企业建立有效的环境管理体系，环境污染控制指标达到国家环保标准，无重大污染责任事故、无群众投诉环保案件。

2. 文明单位办公区域

一是办公场所环境整洁美观，无杂物堆积、无病媒生物孳生，无吸烟现象；二是厕所等公共区域用品齐全、摆放有序、清洁及时、无异味，整体感觉舒适；三是积极倡导建设节约型单位，落实节能、节

材措施，有勤俭节约制度规定、实践活动及纪录。

（五）文明单位履行社会责任，示范作用明显

1. 文明单位志愿服务

一是有学雷锋志愿服务队，注册志愿者人数占单位人数的 30% 以上，有志愿服务活动方案，活动常态化，有成效，有总结；二是积极参与所在街、镇的文明交通志愿服务，有与街道签订共建文明交通路口等协议书，有志愿服务的台账、图片等资料；三是积极参加各类社会捐助和社会公益活动（包括无偿献血、保护环境、文明交通等）；四是单位领导带头参加活动。

2. 文明单位文明交通

单位所属车辆违章比率（经交管部门确认）≥ 5 次 / 年；单位所属车辆违章比率（经交管部门确认）<2 次 / 年；单位所属车辆申报年度无违章纪律。

3. 文明单位帮扶共建

一是有参与帮扶共建、履行社会责任的实施方案；二是有参与各种形式帮扶共建的具体活动；三是有一定数量的人力、财力、物力投入，有保障、有实效、有总结。

二、海南文明单位创建工作的特色与经验

党的十八大以来，海南就把创建文明单位作为海南"五大"创建活动中的重要工作来抓。2018 年又将"文明单位"创建融入海南的社会文明大行动，引导海南的文明单位在提升海南社会文明程度和市民文

明素质中发挥积极作用，促使海南的文明单位创建工作跃上一个新的台阶。党的十八大以来，海南文明单位创建工作的特色和经验主要有三个方面。

（一）坚持核心价值观引领，不断提升文明单位创建的思想道德内涵

海南的文明单位创建，始终坚持以培育与践行社会主义核心价值观为引领，狠抓思想理论武装，狠抓思想道德建设，狠抓党风廉政建设，不断提升文明单位创建的思想道德内涵。

1. 狠抓思想理论武装

坚持把学习贯彻习近平新时代中国特色社会主义思想和党的十九大精神作为首要任务，引导文明单位的党员干部增强"四个意识"，做到"四个自信"，始终在思想上、政治上、行动上与中央保持高度一致。先后制定印发了《关于在全省文明单位推进"两学一做"学习教育常态化制度化的实施方案》《关于在全省文明单位认真开展学习贯彻党的十九大精神活动的通知》，并将学习习近平新时代中国特色社会主义思想和党的十九大精神列入全省精神文明创建工作的要点。2018年以来，围绕习近平新时代中国特色社会主义思想、党的十九大及十九届三中、四中全会精神，在全省创建达标的113个文明单位（含社区）中，先后已累计组织学习研讨120多次，全省142个政府机关类文明单位通过加强自学和集体交流不断提升文明单位培育与践行核心价值观的自觉性。

2. 狠抓思想道德建设

一方面，坚持以理想信念宗旨为根基，认真开展社会主义核心价

值观教育，始终保持党员干部昂扬向上的精神状态。海口、三亚等市县的商务委系统的文明单位开展了以"践行职业道德、规范履职行为、争做人民满意公务员"为主题的公务员职业道德主题实践日活动。全体干部职工向宪法进行了庄严宣誓，集体学习了《关于推进公务员职业道德建设工程的意见》，开展了公务员职业道德经典诵读，进一步深刻领会了以"坚定信念、忠于国家、服务人民、恪尽职守、依法办事、公正廉洁"为主要内容的公务员职业道德规范。儋州、琼海、文昌等市县的文明单位利用道德大讲堂，开展了国学教育，进一步要求文明单位的干部职工必须明大德、守公德、严私德。另一方面，切实加强意识形态工作，教育引导文明单位的党员干部旗帜鲜明站在意识形态工作第一线，保持意识形态定力。严格把关各市县需要出台的文件和需要在省文明办网站公布的信息，要求体现鲜明正确的政治方向，符合国家有关规定。

3. 狠抓党风廉政建设

严格落实文明单位全面从严治党主体责任，坚持"一把手"负总责、负全责，坚持"一岗双责"，在省直属机关文明单位的党组书记与领导班子成员、各科室逐一签订《党风廉政建设责任书》，组织全体干部职工观看廉政教育片《刘贞坚腐败案件启示录》《蜕变的人生》。严格执行民主集中制，做到重点工作决策及时通气，政策项目资金争取、重大投资项目立项、重大资金使用、重要人事任免等，都通过党组会议或主任办公会集体研究决定。

（二）坚持常态化建设，不断提升文明单位创建水平

海南文明单位的常态化创建，已经成为所有文明创建活动中最基础、最广泛、最深入、最受欢迎的一项群众性精神文明创建活动。海南文明单位的常态化创建，不仅对各单位软硬环境建设、人文和投资环境改善起到了促进作用，而且造就了欧阳文健、邢锦程、赵关发等一大批先进典型和模范人物，引领了社会风尚。近年来，海南主要从以下三个方面坚持常态化创建。

1. 坚持创建标准

根据中央文明办要求，海南省下发了《海南省文明单位创建管理方法》，明确了创建全国和省文明单位标准、申报程序和基本要求，并且，要求结合本单位实际，制定创建文明单位规划，理清创建思路、明确目标任务、落实创建责任，逐项抓落实。

2. 夯实创建基础

要求各单位扎实开展以做文明职工、创建文明科室（组织）和文明家庭为基础的创建活动，把文明单位各项创建任务指标落实到每一个职工身上，这样有利于调动广大职工群众广泛参与。同时，创建活动要与日常工作、管理相结合，与各种创优争先活动相结合，这样文明单位创建工作就扎实深入，富有成效。

3. 把握创建原则

海南的文明单位创建，要求把握四个原则：一是重在建设原则。这是创建文明单位的基础要求，必须把文明单位的创建作为一个"过程"来认识，只有起点，没有终点。创建重在"创"和"建"。二是

围绕中心原则。文明单位的创建始终围绕党和国家的中心任务、中心工作开展，这样才能将创建工作任务成为常态的一部分，落到实处。三是贴近"民生"原则。文明单位的创建不能脱离"民生"，服务"民生"。自党的十八大以来，海南省文明办将群众普遍反映的一些政府机关办事面难看、话难听、事难办的问题纳入文明单位创建工作中，把担当型政府、服务型政府作为政府机关单位文明创建的重点抓落实，并在涉及民众关注度高的政府食品管理机构、旅游管理机构、医疗卫生管理机构、交通运输管理机构、教育管理机构以及公安、检察、法院等机构的文明单位创建进行了精心的重点部署，引发社会高度关注，受到广大人民群众积极评价。四是齐抓共创原则。创建单位各部门、科室（组织）要在党组织统一领导和部署下，认真履行各自的职能，互相配合、优势互补，齐心协力推进文明单位创建的各项工作。

（三）坚持以创建活动为载体，不断提升社会文明程度

海南的文明单位创建，通过设立"学雷锋志愿服务""文明单位参与救灾、环保活动""文明单位与贫困村的结对帮扶"等活动载体，不断促进海南社会文明程度的提升。

1. 文明单位参与文明交通、文明旅游等社会文明大行动

2018年以来，海南文明单位创建的一项基本要求是：文明单位要通过各种方法、各种途径参与文明交通、文明旅游活动，以更好地服务海南建设世界知名的国际旅游消费中心的目标。2018年，海南软件职业技术学院、海南日报、海南三亚农垦医院等三十多个文明单位先

后以不同的方式参与文明交通和文明旅游志愿服务活动。

2.融入不同行业的文明创建活动

为树立企事业单位文明经营服务旗帜，2018 年以来，海南省文明办从交通、旅游、金融、通讯、电力、医疗与人民群众生活关系密切的行业中挑选了一批有规模有影响力的企事业单位参与文明行业创建活动。这些文明单位在领导班子建设、职工队伍职业道德建设、文明诚信经营制度建设、文明经营环境建设等方面都在本行业发挥了示范引领作用，树立了行业文明经营服务旗帜，并带动和提升了整个行业的文明经营服务水平。根据调查反馈，文明单位创建让本行业的文明经营服务满意度由创建前的 35% 提升到创建后的 73%。

3.因地制宜地参加社区、乡镇的文明创建活动

根据快速城市化推进中日益突出的市容环境问题，如垃圾随处乱扔、乱倒，城区乱搭乱建、乱贴、乱画；机动车乱停乱放，行人随意横穿马路，闯红灯等，海南省文明办把文明单位创建延伸到了社区，并持续加大力度推进，取得了重要成果，到目前为止，全省已有 40 个社区荣获全省文明单位称号，有 6 个社区荣获全国文明单位称号。

海南不断丰富拓展文明创建活动之所以能取得较好的成绩，是因为这些年来坚持做到"五个结合"：一是"硬"与"软"相结合，促进创建工作全面发展；二是"虚"与"实"相结合，紧扣本单位业务工作开展创建；三是"专"与"群"相结合，充分依靠群众抓创建；四是"创"与"管"相结合，形成持之以恒抓创建的机制；五是"扬"与"弃"相结合，积极探索行之有效的创建载体。

自党的十八大以来，文明单位创建持续推进，创建力度不断加强。文明单位创建扩大到了学校、媒体、部队、科研院所、行业协会，各界人士自觉成为了文明单位建设的传播者，社会文明进步的推动者，特别是各种媒体对文明单位创建的大力宣传，在社会上形成了很大范围的积极影响，形成了人人讲文明、各单位共创文明单位与共建文明社区的良好氛围。截至 2018 年年底，全省创建达标的全国文明单位（含社区）113 个，省级文明单位（含社区）346 个。同时以文明单位创建为中心的文明精神弘扬、文明思想传播、文明观念宣传、文明习惯培养，已深刻地影响和推进了文明城市、文明村镇、文明校园和文明家庭建设。海南城乡环境得到了根本好转，公民素质明显提高，社会文明风气越来越浓，文明国际旅游岛的名片日益闪亮。

三、海南文明单位创建工作存在的主要问题

（一）重视程度不高

由于各种主客观原因，海南省、市、县各级各类单位主要领导班子对精神文明建设在理解和认识上存在着不同程度的偏差与误区，导致在文明单位创建实际工作中认识不高，重视不够，推进不力，保障不足。

一是对两个文明建设互促共进、相得益彰的认识不深，重经济效益、轻精神文明建设，往往是说起来重要、做起来次要、忙起来不要；二是在工作部署、措施落实上"重形式、轻实效"，没有从根本上把握创建工作的目的，热衷于喊口号，张贴标语，做做样子，搞搞宣传等蜻蜓点水式的表面文章；三是未列入工作绩效考核，没有激励机制，

没有具体措施，没有层层动员；四是在文明单位创建中"重评比拿牌子，轻创建"，考评检查时用点劲、日常性的文明创建和培育工作只是马虎应对，缺乏常态化的基础工作；五是在文明单位创建工作中"重部署、轻落实"。不少单位注重做计划写方案和开会安排部署，但对执行和落实情况缺乏有效的检查与考评推进。

（二）主动创建意愿低

从海南省各市县的情况看，主动创建文明单位的意愿都很低，热情不高，积极性不高。根据调研统计，愿意主动创建文明单位的单位只占 10%—20%，创建文明单位意愿较高的个别市县也只有 30%—40%。这样的情况确实令人震惊，为什么会出现如此情况呢？其原因主要有如下几个方面。

1.认为"文明单位"可有可无

他们认为文明单位创建花了时间、花了精力、花了经费，就得到了一个文明单位的牌子。荣获文明单位后，单位领导与员工的政治待遇和经济待遇没有任何变化。干部考评、升迁与调离与文明单位无关；员工的工资、奖金及其他福利也与文明单位没有任何关联。因此，不少单位认为创建"文明单位"考评指标多，要写材料、报材料，这些都已成为他们的一种负担。

2.认为文明单位创建可抓可不抓

存在这种认识的单位从上到下，文明单位创建都未纳入绩效考核。他们认为文明单位创建不创建，创建了抓与不抓，创建了有没有成效，都不会被问责。所以不把文明单位创建作为政治任务去完成，不会把文

明单位创建当作重要工作去部署，不会为文明单位创建安排经费投入
预算。

3.文明单位创建要有花费预算

文明单位创建，要改善环境，如种花种草、设备添置、公益宣传、
制度建设等等，都涉及经费。但多数单位没有这方面的预算，而且也
很不情愿。这样让文明单位创建更是被动和困难。

四、深化海南省文明单位创建工作的思路与举措

当前，海南省文明单位的创建面临新的形势和任务。在新形势新
任务新挑战下，深化文明单位创建，持续深入推进精神文明建设，为
海南省加快自贸区（港）建设和全面建成国际旅游岛、文明岛提供思
想保证、精神力量、道德滋养，已显得十分重要和必要。

（一）出台文明单位创建的激励机制

文明单位创建对改变机关作风、改进服务态度，对引领行业文明
经营与健康发展，对促进社会文明进步能发挥广受社会好评的积极作
用。为了调动各级各类单位争创文明单位的积极性，将力促各级党委
政府出台创建文明单位的激励机制，激励各级各类单位主动创建。

1.纳入重要工作议事日程

力促各级党委政府将文明单位创建纳入重要工作议事日程，并以
党委政府名义部署、下发文件、提出措施、明确责任。

2.纳入绩效考核

力促各级党委政府将文明单位创建纳入工作绩效考核内容，纳入

干部提拔、换岗、调离考评内容。

3. 出台创建激励措施

明确出台文明单位创建激励措施,凡荣获省级以上文明单位,党委政府应给予一定的奖金,对企事业经营单位的员工可奖励1—2月工资。

4. 文明单位优先推选人大、政协代表等

各级人大代表、政协代表、劳动模范、先进工作者的推选、评比,在同等条件下,应以来自文明单位的为优先。

5. 隆重表彰文明单位

各级党委政府应为荣获"文明单位"的各级各类单位举办隆重的表彰大会,对文明单位进行荣誉激励。

（二）开展"准文明单位"创建,提高创建水平

以往文明单位的创建都是由市县到省一级一级地给推荐下指标,各单位再根据这种去推荐与申报。这样做法让许多被推荐申报的文明单位,对文明单位创建的重要性、创建的内容、创建的具体措施、创建指标评价、创建材料准备等都不是十分清楚,所以,省市县文明办对被推荐申报单位的创建质量很难把握。为了改进这种状况,提高创建水平,建议开展"准文明单位"创建推进工作。

一是委托评选精神文明建设研究机构或学术团体开展一次社会调研,在此基础上遴选一批在行业中有较好影响的单位作为"准文明单位",然后由省文明办在权威媒体公布准文明单位名单,这样可引发社会关注,引起被遴选的"准文明单位"高度重视。二是建立"准文明

单位"基本情况档案。明确"准文明单位"创建负责人,建立省市县文明办与"准文明单位"的直接关系,明确省市县文明办对"准文明单位"的创建指导。三是组织"准文明单位"的创建负责人进行集中培训,让"准文明单位"明确创建申报程序、创建内容、创建实施措施、指标测评、材料组织与撰写等任务。四是适时指导"准文明单位"正式申报,让"准文明单位"形成创建共识与动力。

（三）开展文明单位社会责任报告制度建设

开展文明单位社会责任报告制度建设:一是有助于文明单位提高践行核心价值观的自觉性,"文明单位"将以其践行核心价值观"示范群体"的形象,引导社会;二是有助于文明单位更规范、更自觉地履行社会责任,改变文明单位创建重"突击效应"、重"牌子"、重"荣誉感",而轻"责任感"、轻"长效机制"的现象;三是有助于文明单位在海南的"诚信践诺""文明旅游"等社会大行动中起到示范作用。

同时,每年开展评价文明单位提交的社会责任报告,如达不到"良好"的成绩,可暂缓一年、或文明单位的奖励。

（四）举办文明单位建设推进会

为了强化文明单位的示范引领作用,并在社会形成争当文明单位光荣的浓厚氛围,推动党委政府高度重视和社会各界助力文明单位建设,海南省文明办计划在2020年下半年举办全省文明单位创建推进会。

一是通过文明单位建设推进会交流推广先进经验;二是通过文明单位建设推荐会巩固文明单位建设成果;三是进一步打造文明单位示

范引领品牌，提升文明单位形象与社会正能量影响力；四是通过文明单位建设推进会大力营造氛围，促进党政机关、社会团体、企事业单位争当文明单位；五是凝聚社会各界力量，大力支持全省各地文明单位创建，为加快建成海南国际旅游岛、文明岛作出贡献。

第九章　海南的文明城市创建

创建文明城市是深化社会文明大行动的重要载体，也是海南全面贯彻落实习近平总书记"4·13"重要讲话和中央 12 号文件精神，进一步加强新时代社会主义精神文明建设的重大部署。

近年来，海南坚持以习近平新时代中国特色社会主义思想为指导，紧紧围绕举旗帜、聚民心、育新人、兴文化、展形象的使命任务，大力培育和践行社会主义核心价值观，深化群众性精神文明创建活动，构建"五大创建"全覆盖的创建格局，增强群众获得感、幸福感、安全感，为海南自由贸易试验区和中国特色自由贸易港建设营造良好社会环境。

一、立足建设中国特色自由贸易港推进文明创建

2018 年 3 月初以来，海南省以"159"社会文明大行动为抓手，推进全省的文明创建，提高社会文明程度和市民文明素质。2018 年以来，各市县立足海南建设自由贸易港推进文明城市创建，为中国特色自由贸易港营造了文明和谐的"软环境"。

（一）文明创建弘扬了中国特色自由贸易港的主旋律

"争创中国特色社会主义生动范例，谱写美丽中国海南篇章"既是习近平总书记对海南发展的殷切期待，也是海南未来发展目标的战略安排。2018年5月以来，各地各部门把开展文明城市创建作为推进新时代海南社会主义精神文明建设的有效载体，作为加快建设美好新海南的有效实践。各地以习近平新时代中国特色社会主义思想为指导，深入开展社会主义核心价值观宣传教育，引领广大干部群众在文明创建实践中形成有自信、尊道德、讲奉献、重实干、求进取的新风貌，为争创中国特色社会主义生动范例，开创新时代中国特色社会主义新局面提供强大的思想保障、精神力量和文化支撑。

（二）文明创建为自由贸易港营造良好的营商环境

营商环境是一个国家或地区的重要软实力，也是核心竞争力。党的十八大以来，以习近平同志为核心的党中央高度重视营商环境建设。在2017年7月中央财经领导小组第十六次会议上，习近平总书记强调"要改善投资和市场环境，加快对外开放步伐，降低市场运行成本，营造稳定公平透明、可预期的营商环境"。

2018年7月17日，习近平总书记在中央财经领导小组第十六次会议上强调"营造国际一流营商环境"。在2018年11月5日首届中国国际进口博览会上，习近平总书记又强调：上海等特大城市要"率先扩大营商环境改革力度"。

营商环境是海南建设自由贸易港（区）、促进海南全面深化改革开放的重要环境。营商环境不仅要有营商的"市场环境""法治环境"，而且要有营商的社会环境。从上海华夏社会发展研究院和新华社每日电讯 2018 年 12 月 5 日在"中国企业家博鳌论坛"发布的 2018 年中国营商环境排名看，海南在中国内地 31 个省、自治区、直辖市中排名第28 位。

海南通过"文明城市创建""社会文明大行动"，提升市民文明素质、社会文明程度，为海南营造良好的营商社会环境奠定基础。

（三）文明创建营造自由贸易港文明有序的社会环境

看一个城市的文明程度，交通秩序是一个很直观的窗口。在红绿灯前，行人是否主动等候、不闯红灯；在斑马线前，机动车驾驶员是否主动礼让、不抢行……这些都体现着城市的文明程度。然而，近年来海南各市县的实际情况表明，虽然社会对文明出行的倡导由来已久且持续不断，但还是有人屡屡"以身试法"。在日常生活中，有的人总是报以侥幸心理，错误地认为交通整治只是一阵风，即使自己违规了，也不会轻易被发现。于是，一而再再而三地闯红灯、斑马线前不礼让行人，给城市交通"添堵"。

面对此类情况，各市县动真格整治，大力整治交通秩序，狠抓斑马线前的文明，广泛开展"礼让斑马线、文明我点赞""文明在路上、友爱在车厢"等文明出行活动，使"礼让斑马线"成为海南一道亮丽的风景，使文明交通行为在全社会蔚然成风。

（四）文明创建营造自由贸易港的绿色宜居生态环境

生态文明建设事关中华民族永续发展和"两个一百年"奋斗目标的实现。海南各地通过加强对重点街道、重点地区、农贸市场乱摆乱卖、乱搭乱建、乱挂乱贴、乱停乱放等环境乱象的清理整治，通过加快推进大气污染防治行动计划，加大建筑工地和道路扬尘污染治理，全面取缔不符合产业政策的小制造、小作坊，强化餐饮业油烟、露天烧烤、秸秆焚烧、槟榔加工污染、高污染排放机动车及生产生活噪声的监管控制；通过生态文明建设示范区、文明生态村、卫生（健康）市县创建，不断优化城乡环境质量，推动形成绿色生产方式和生活方式，牢固树立和全面践行"生态兴则文明兴"的生态文明观，把海南建设成人与人、人与自然和谐共处的美丽家园。

二、海南的文明城市创建引领新型城镇化

海南要建设的自由贸易港是覆盖海南全岛的自由贸易港。但是海南的发展很不平衡，尤其是农村贫困地区的基础很薄弱。所以，近年来海南通过文明城市创建引领新型城镇化，为海南自由贸易港建设奠定城乡一体化的基石。

（一）整体谋划海南的新型城镇化

党的十八大报告提出"坚持走中国特色新型工业化、信息化、城镇化、农业现代化的道路"。2013—2015 年，"中央 1 号文件"在强调加快现代农业发展时，又突出了"城镇化"的主题。2013 年 12 月召开的中央城镇化工作会议明确提出，城镇化是中国实现现代化的必由之路。2016 年 2 月，习近平总书记对深入推进新型城镇化建设作出重要批示，强调：城镇是现代化的必由之路，要坚持"新发展理念"为引领，以城镇化为核心，更加注重提高户籍人口城镇化率。

2017 年年初，李克强总理再次强调，要扎实推进新型城镇化，深化户籍制度改革，每年实现进城落户 1300 万人以上，加快居住证制度全覆盖。支持中小城市和特色小城镇发展，推动一批具备条件的县和特大镇有序设市。

2018 年 10 月，国家发改委网站上发布了《推动 1 亿非户籍人口在城市落户方案》，督查未来 5—10 年中国的城镇化建设，其承载的含义远远超越经济领域，是推动中国走向第三次社会变革的历史性跨越。中国城镇化率由 1978 年的 17.9% 提高到 2017 年的 58.5%（中国社科院等主办论坛：中国房产超市网，2018 年 6 月 21 日）。2018 年，中国的城镇化率为 59.58%，同比提高 1.06 个百分点，2019 年中国的城镇化率将突破 60%。[①]2018 年年底，全球的城镇化率约在 55%，美国和日本的城镇化率分别为 82% 和 92%；而印度的城镇化率则不到 35%。中国 60% 左右的城镇化率，表明中国已实现了现代化国家的最基本的一个指标要求。

不过，从海南的城镇化率排名来看，2018 年年底海南排在全国 31 个省、自治区、直辖市的第 13 名，为 59.06%，紧跟山东、湖北，与山东、湖北仅相差 2.12 和 1.24 个百分点。[②]海南的城镇化率较高，但是海南的城镇化率要达到东部发达地区的水平，未来 5—10 年，有效载体和抓手就是城乡一体化的文明城市创建。海南岛的面积 3.39 万平方公里，是仅次于台湾岛的第二大岛。海南开展的社会文明大行动以

---

① 中国社科院经济研究所与社会科学文献出版社：《经济蓝皮书夏季本：中国经济增长报告（2018—2019）》，2019 年 10 月 29 日发布。

② 数据来自各省市、自治区、直辖市统计局。

及文明城市创建，立足把海南作为一个特大城市来谋划、建设和管理，以整体推进海南的新型城镇化，整体提升海南的社会文明程度和市民的文明素质。围绕这一抉择，海南以"美丽海南百千工程""双修""双创"等举措为突破口，从乡村建设到城市治理，再到全省统筹发展，正在探索一条具有海南特色的新型城镇化发展道路。

2016年1月27日，海南省两会上发布的省政府工作报告中提出了"美丽海南百千工程"，提出"十三五"期间，海南省将重点打造100个特色产业小镇，建设1000个宜业宜居宜游的美丽乡村。

目前，海南岛上散落着204个乡镇、2657个行政村、18700个自然村。100个产业发展对接前沿的特色小镇，1000个形态各异独具魅力的美丽乡村，将成为海南旅游、休闲等资源的载体，一旦真正崛起将犹如星火燎原，从点及线、线及面，辐射带动全岛发展，支撑起海南创建全域旅游的目标，把海南岛打造成一个大景区，实现"全省人民的幸福家园、中华民族的四季花园、中外游客的度假天堂"的目标。

在探索新型城镇化发展中，海南借助国际旅游岛、全域旅游、多规合一试点等国家政策红利，又自我探索了"海澄文一体化""大三亚"旅游圈等本地发展之路，以实现土地、产业、生态保护等规划的协调统一，打破市县行政区划和利益藩篱，促进资源共享、互利共赢。

同时，海南作为全国首个开展省域"多规合一"改革试点的省份，正逐步构建起省域中心城市—区域中心城市—县城中心镇—特色产业小镇四级城镇结构，形成以海口、三亚为省域中心城市，以儋州、琼海为区域中心城市，以县城镇及特色产业小镇为重点，以旅游度假区、产业园区为补充的具有海南特色的城镇体系。

（二）文明创建引导海南实现可持续城镇化

当今中国的新型城镇化面临城市人口激增、空气污染、发展规划缺失、城乡二元结构和精准脱贫等挑战。尤其是到2020年，全面建成小康社会之际，中国的2000个县市初步建成新型城镇体系，面临的任务艰巨。西方的城市化经历了200年左右的时间。中国的快速城市化，也只有35年多时间。

海南的城镇化的压力也大，到2018年城镇化率为59.06%，如何在2020年使城镇化率达到60%左右？如何在未来5—10年达到东部地区的69%左右？如何破解新型城镇化进程中公共服务的"短板"？如何破解新型城镇化进程中的"城市病"以及特色小城镇建设问题？这就要走出一条中国特色的可持续城镇化之路。海南的文明城市创建正在引领海南新型城镇化，引导海南城镇走出"不文明发展"带来的三大负面效应。

一是"不有序"发展的负面效应。快速城镇化导致的各种"城市病"，以及对"城市病"的治理成为政府与社会关注的焦点。事实上，无论是中国还是欧美发达国家，城镇快速发展中房价高涨、交通拥堵、人口膨胀、环境污染等各类"城市病"十分普遍，而且往往具有一些典型特征。

根据世界城镇化发展规律，当城镇化率在30%—50%时，"城市病"处于显性阶段；城镇化率为50%—70%时，"城市病"可能集中爆发。"我国正处于城镇化率30%—70%的快速发展阶段，又在短短三十多年走过了发达国家100多年的城市化进程。因此，我国的'城市病'往往是'急症、慢症、并发症'共现"。

同样，海南的城镇化也到了"城市病"的"急症、慢症、并发症"并发阶段。2019年春节期间，琼州海峡因大雾发生拥堵。海口市中心早晚高峰的堵车也是常见的。海南的文明城市创建就是要求各市县按照形态文明、功能文明、素质文明的要求，规划文明城市的"软""硬"件，营造文明和谐有序的社会发展环境，避免各种"城市病"的发生。

二是"不均衡"发展的负面效应。党的十八大报告强调，中国最大的国情、最大的实际是处于社会主义初级阶段。正因为处于社会主义初级阶段，所以我国发展的不平衡、不均衡现象突出，不仅经济一条腿长、社会一条腿短现象没解决，而且"社会"短腿问题越来越严重。海南的城乡二元结构矛盾仍然普遍存在，而且农村的公共服务短缺明显。所以，党的十九大提出了"乡村振兴战略"，通过"乡村振兴"真正破解"城乡二元"结构，真正破解中国特色社会现代化的瓶颈。

三是"不幸福"发展的负面效应。世界范围"幸福指数"的调查结果显示，发达国家"幸福指数"反而不高，收入财富增长了，幸福感不一定因此上升。2006年，英国"新经济基金"组织了一次涉及178个国家和地区的"幸福指数"大排名。结果，名列榜首的是太平洋岛国瓦努阿图，一批发达国家反而排名靠后，八国集团无一进入前50名，英国和美国分别名列第108位和第150位。

这说明，"发达"不"发达"并非是提升"幸福指数"的决定因素。为了"GDP的增长而发展"，为了城镇化速度的发展对大多数农民而言是"不幸福"的发展，国民幸福指数也不高。

2018年3月7日21时，《中国经济生活大调查(2017—2018)数据发布之夜》在央视财经频道播出，隆重发布首届中国美好生活指数，其中武汉荣膺2017年度"中国十大幸福城市"榜首，并与其他9座城市一起受奖。2019年11月6日评选出中国最具幸福感的十大城市是成都、杭州、宁波、西安、广州、长沙、温州、台州等。

海南的文明城市创建，以民生幸福为本，共建共享文明城市，注重引导城市建设的投资转向集贸市场、背街小巷、街镇、社区、公共文化设施等与民生密切相关的工程和设施，测评关注的也是与民生幸福相关的认同度、满意度，这就可保证海南的新型城镇化始终不偏离"民生幸福"之本。

三、海南创建文明城市的新追求

2019年以来，海南通过修订完善2019年版《海南省文明城市测评体系》(以下简称《测评体系》)，以《测评体系》引导、规范全省的文明城市创建，引导各市县的文明城市创建不断跃上新台阶。

（一）突出理想信念建设

1.深入学习贯彻习近平新时代中国特色社会主义思想

要求海南各市县把学习习近平新时代中国特色社会主义思想作为党委和政府首要政治任务，作为党委（党组）理论学习中心组重点内容，作为党校教育培训必修课，做到真学真懂真信真用；推进"两学一做"学习教育常态化制度化，开展"不忘初心、牢记使命"主题教育，面向党员开展多形式、分层次、全覆盖的学习培训，抓好《习近平谈治国理政》第一卷、第二卷和《习近平新时代中国特色社会主义思想三十讲》的学习，用习近平新时代中国特色社会主义思想武装全党、教育人民、指导实践，引导党员干部增强"四个意识"，坚定"四个自信"，坚决做到"两个维护"，在思想上、政治上、行动上同以习近平同志为核心的党中央保持高度一致。

2. 开展中国特色社会主义和中国梦学习宣传教育

要求海南各市县坚持不懈开展中国特色社会主义理论体系学习教育，大力弘扬以爱国主义为核心的民族精神和以改革创新为核心的时代精神，引导人们牢固树立共产主义远大理想和中国特色社会主义共同理想；宣传统筹推进"五位一体"总体布局和协调推进"四个全面"战略布局的生动实践，宣传打好防范化解重大风险、精准脱贫、污染防治三大攻坚战的进展成效。

3. 建设具有强大凝聚力和引领力的社会主义意识形态

要求海南各市县党委切实负起意识形态工作的政治责任和领导责任，建立意识形态工作报告、分析研讨、检查考核制度，经常研究解决重大问题，掌握领导权、话语权，旗帜鲜明坚持真理，立场坚定批驳谬误。

4. 培育和践行社会主义核心价值观

一是落实中办《关于培育和践行社会主义核心价值观的意见》，大力培育和践行社会主义核心价值观，提高人民思想觉悟、道德水准、文明素养和全社会文明程度，培养担当民族复兴大任的时代新人，弘扬共筑美好生活梦想的时代新风，激励人们向上向善、孝老爱亲，忠于祖国、忠于人民。

二是融入日常生活。依托公共文化设施、宣传文化阵地开展核心价值观教育；开展市民公约、村规民约、学生守则、行业规范等规范守则教育实践活动；运用升国旗仪式、成人仪式、入党入团入队仪式等礼仪制度传播主流价值；印制发放市民文明手册等宣传资料，普及文明礼仪规范，倡导文明礼仪新风。

三是发挥榜样作用。发动群众推选道德模范等先进模范，完善帮扶礼遇制度，加强荣誉称号的管理；运用基层宣讲、公益广告、专题展览、故事汇巡演等方式，开展道德模范等先进模范学习宣传活动。

（二）突出文明风尚建设

1. 党风政风引领

要求海南各市县落实《关于新形势下党内政治生活的若干准则》和《中国共产党党内监督条例》，强化党委主体责任和纪委监督责任，推进党风廉政和反腐败教育经常化、制度化；运用监督执纪"四种形态"，以严明的纪律推进全面从严治党。

不断规范政务行为规范：一是实施"双随机、一公开"监管，提高监管执法的公平性、规范性和有效性；二是推进简政放权、放管结合、优化服务，提高政府效能。

加强基层党群组织建设：一是加强街道、社区、机关、学校、企业和非公有制经济组织、社会组织等基层党、群组织建设；二是加强农村基层党组织建设，维护农村社会和谐稳定。

2. 弘扬法治精神

要求海南各市县落实《关于在公民中开展法治宣传教育的第七个五年规划（2016—2020年）》，增强全社会尊法学法守法用法意识；开展群众性法治文化活动，使全民法治宣传教育的普及率≥80%；开展国家安全教育、反邪教宣传教育和反宗教极端思想宣传教育。

3. 提高社风民风

各市县一是要大力弘扬志愿精神，积极培育志愿服务文化，使市民对志愿服务活动认同和支持率≥90%，注册志愿者人数占本地常住人口的比例＞13%，有志愿服务时间记录的志愿者人数占注册志愿者总人数的比例≥50%；二是建立健全登记注册、服务记录、关系转接、褒奖激励等机制，以社区、公共文化设施、景区景点、窗口单位为重点加强志愿服务站点建设；三是开展关爱空巢老人、留守儿童、困境儿童、困难群体、残疾人、贫困户等志愿服务活动，开展党员志愿服务，开展文明旅游、文明交通、文明上网、环境保护、邻里互助、社会治安、健康教育、法律援助等志愿服务活动，围绕服务精准脱贫、美丽中国建设、乡村振兴战略开展志愿服务活动。

（三）突出诚信制度化建设

2018年以来，各市县根据海南省委省政府关于建设"信用海南"的要求：一是贯彻国务院《社会信用体系建设规划纲要（2014—2020

年)》和中央文明委《关于推进诚信建设制度化的意见》，在重点领域建立起信用记录，建设信用信息互联互通、交换共享的平台。

二是落实国务院《关于建立完善守信联合激励和失信联合惩戒制度加快推进社会诚信建设的指导意见》，落实中办国办《关于加快推进失信被执行人信用监督、警示和惩戒机制建设的意见》，建立健全守信联合激励和失信联合惩戒的联动机制。

三是学习宣传诚信人物、诚信企业、诚信群体，批评鞭挞失信败德行为，开展诚信企业、诚信单位、诚信示范街区、诚信经营示范店等主题实践活动。

四是贯彻中央文明委《关于集中治理诚信缺失突出问题 提升全社会诚信水平的工作方案》，针对群众反映强烈的电信诈骗、互联网金融诈骗等 19 项诚信缺失突出问题开展集中治理，明确责任单位，列出任务清单，定期督促检查。

五是使群众对本县（市）诚信建设的满意度≥85%。

（四）突出网络文明建设

一是网络文明传播。开展网上精神文明创建活动，运用"两微一端"等新媒体开展网络文明传播。

二是网德建设工程。开展网络公益活动，加强网络素养教育；落实属地管理原则，依法打击网上违法违规行为。

（五）突出社会环境建设

一是公共安全保障。加强社会治安、消防安全防控体系建设，完善公共安全视频监控建设联网应用，社会面、重点单位及社区物防、技防、人防水平符合安全要求。

二是食品安全监管。食品经营单位和农贸市场不出售过期、变质、伪劣食品，食品安全事故和问题药品及时查处，农产品质量安全监测合格率≥98%。

三是突发公共事件应急处理。建立减灾、防灾、救灾综合协调机制和灾害应急管理体系，开展应急通信专用网络和应急指挥系统建设，建立覆盖城乡的应急救援体系，设置明确的城市避难场所；开展社区减灾、防灾宣传教育，开展自救互救知识与技能培训。

四是社会治安状况。坚持有黄必扫、有毒必反、有赌必禁，卖淫嫖娼、吸毒贩毒制毒、聚众赌博等违法犯罪得到有效控制；预防和打击传销、非法集资等涉众型经济犯罪，预防和打击黑恶势力违法犯罪，打击"两抢一盗"犯罪成效明显。

五是城乡环境面貌。城镇街巷和公共场所环境卫生干净整洁，垃圾清运及时、分类处理，无脏乱差现象，公路、河道沿线和背街小巷、农贸（集贸）市场、城乡接合部无卫生死角盲区，城乡公共厕所分布合理、保洁及时、无明显异味；推进城乡环卫一体化，实现农村垃圾"户投、村收、镇运、县市统一处理"，辖区内90%以上行政村垃圾得到治理。

六是社区环境。环境绿化美化，卫生状况良好，无脏乱差现象，路面硬化、平整，排水设施完善，无明显坑洼积水；楼门内干净整洁，楼道无堵塞，墙面、玻璃无污秽破损，照明灯完好；倡导"垃圾减量分类"，生活垃圾分类投放、分类收集、分类运输、密闭运输；社区综合服务设施实现全覆盖，水电气热通信等公共服务安全高效优质，构建包括便民市场、运动场地、文化活动中心、社区服务中心、医疗服务机构在内的 15 分钟生活圈。

（六）突出社会公共秩序

1. 公共场所秩序

一是城市街巷和公共场所依法规范管理，公共秩序良好，社会用语用字文明规范，无违章停车（机动车、非机动车）、停车乱收费、占道经营、小广告乱张贴现象，无流浪乞讨人员滋扰他人、扰乱社会秩序现象，近两年内无违反《城市管理执法行为规范》造成恶劣影响的情形，做好马路市场、流动商贩的规范化治理、合理化疏导、人性化管理；二是城市无烟草广告，室内公共场所、工作场所和公共交通工具有明显禁烟标识，非吸烟区没有吸烟现象；三是公共场所文明有序，无争吵谩骂、使用低俗语言、乱扔杂物、随地吐痰、损坏公共设施、占用和堵塞消防通道、不文明养宠及其他不文明行为。

2. 公共交通秩序

一是开展文明交通行动，实施城市道路交通文明畅通提升行动计划，车辆、行人各行其道，无违反交通信号通行、逆行、行人非机动车不按规定横过道路现象，乘客排队候车（船）或依次上下车（船）；二是建成区造成人员伤亡交通事故起数、死亡人数连续 3 年同比下降，未发生一次死亡 5 人以上道路交通事故。

（七）突出生态文明建设

1. 建成区绿地率：要 > 35%。

2.建成区人均公园绿地面积：要＞9（平方米）。

3.生活垃圾无害化处理率：要＞95%。

4.空气质量：要环境空气质量达到GB3095—2012标准。

5.县域河湖管理：一是建立河（湖）长巡河（湖）履职制度，县级领导担任河（湖）长的"一河（湖）一档"建立、"一河（湖）一策"编制完成；二是开展辖区内河湖存在的乱占、乱采、乱堆、乱建等突出问题专项整治，实施河湖综合治理与生态修复。

6.水环境质量：一是集中式饮用水水源地规范化建设综合评估达到优秀，集中式饮用水水源地地表水水质达到Ⅱ类、地下水水质达到Ⅲ类；二是辖区无劣于Ⅴ类水体，辖区内未出现黑臭水体或黑臭水连续三年减少。

7.县城声环境质量：城声环境功能区夜间监测总点次达标率≥80%。

四、2015—2018 年海南省文明城市创建成效

依据《海南省文明大行动》（2015年）和《海南省文明城市测评体系（2016年、2017年、2018年版）》，海南省文明委委托第三方于2015—2018年先后四次对全省15个市县进行测评。测评主要采用实地考察、问卷调查和材料审核等手段进行。测评总分为100分，其中实地考察的权重占50%、材料审核的权重占30%、问卷调查的权重占20%，并根据测评体系的计算方法进一步进行计算分析，计算出每一个市县年度测评的总得分，以及海南省15个市县的平均得分。

2017 年海南省 15 个市县测评平均得分为 70.65 分，比 2015 年及 2016 年两年的年平均得分 60.12 分，提高了 10.53 分。各市县四年测评得分详情见表 9-1。

表 9-1　海南各市县四年测评得分及排名情况

市县名称	2018 年		2017 年		2016 年		2015 年	
	测评总分	位次	测评总分	位次	测评总分	位次	测评总分	位次
乐东县	82.95	2	82.64	1	57.12	3	76.90	1
文昌市	（参与全国文明城市测评）		82.05	2	56.43	4	73.90	3
澄迈县	同上		78.68	3	63.27	1	75.30	2
陵水县	72.20	11	76.63	4	58.66	2	62.90	14
琼中县	80.85	3	74.83	5	51.62	6	70.70	7
昌江县	83.04	1	72.96	6	34.24	15	70.50	8
五指山市	77.25	7	71.80	7	54.12	5	68.10	12
万宁市	76.44	9	70.89	8	49.44	10	70.40	9
屯昌县	78.33	6	68.78	9	48.55	12	69.30	11
保亭县	70.90	13	68.64	10	44.31	13	70.20	10
东方市	72.56	10	68.25	11	49.06	11	61.20	15
白沙县	72.12	12	67.29	12	50.54	8	65.70	13
定安县	76.61	8	65.55	13	50.91	7	71.80	5
儋州市	80.08	4	63.87	14	50.13	9	72.30	4
临高县	78.73	5	46.83	15	35.14	14	71.40	6

2018 年第四季度测评结果显示，13 个市县创建省级文明城市平均得分为 77.08 分（洋浦经济开发区得分计入儋州市，儋州市占 70%，洋浦经济开发区占 30%）。其中最高的是昌江县，为 83.04 分；最低的是保亭县，为 70.90 分。另外 3 个全国文明城市琼海以及全国提名城市文昌和澄迈单独测评排序。

（一）文明城市创建成效明显

1. 市民对文明城市创建的支持率显著提高

在 2016 年和 2017 年海南 15 个市县 3000 份问卷样本调查中，市民对本市县创建文明城市的支持率从 79.41% 提高到了 91.43%，2017 年比 2016 年提高了 12.02 个百分点。2018 年，市民对本市创建文明城市的支持率达到了 92%，满意率达到了 81%。

2. 健康向上的人文环境开始形成

在各市（县）委、政府领导的重视下，各市县在发展经济提高人民生活质量的同时，重视健康向上人文环境的打造，引导文明城市的创建强化社会主义核心价值观建设，突出崇德向善和文化厚重城市建设。2017 年 15 个市县健康向上人文环境测评的平均得分为 72.39 分，比 2016 年提高了 7.05 分。

3. 城乡环境治理成效比较明显

经过 4 年创建，各市县基本做到了公共场所、主要街区和主次干道等环境干净整洁、设施完好，乱贴、乱涂和乱设广告牌现象明显减少，公共基础设施逐步完善；公共场所环境、餐饮店环境、小区环境、乡村环境、街巷环境均有所好转，乡村自然生态环境质量有了较大提高，近七成民众对本地环境治理成效表示肯定。

4. 公共交通秩序有所改善

近 4 年的文明城市创建，突出城市公共交通秩序的治理。市县在普及交通安全知识、强化城乡交通管控等方面都做得比较好，公共交通设施完好、服务文明，交通事故发生率得到有效控制。特别是对治"三超一疲劳"（超速、超员、超载和疲劳驾驶）、酒驾等违法行为的整治，力度大、效果好。

5. 旅游管理水平不断提高

近 4 年来，全省加强对旅游服务市场的规范管理，注重旅游景区和基础设施建设，畅通投诉渠道，严肃查处"黑车""黑导""黑店"等，文明旅游整治效果明显。旅游景区设施不断完善，管理也日益规范。

6. 保障机制有所强化，投入逐年增加

近 4 年来，各市县先后建立健全了领导体制、工作机制和具体的保障措施，以"双创"（"创文"和"创卫"）或"三创"（"创文""创卫"和"创模"）统筹推进文明城市创建，特别是在以城促乡、联动发展方面，严格落实城市支援农村的各项政策、加强基础设施建设，促进了基本公共服务的标准化、均等化发展；各个市县基本上都将开展文明创建工作经费列入地方财政预算，并逐年提高。

（二）文明城市创建中发现的主要问题

2018 年、2019 年度对海南省 13 个市县创建文明城市实地考察结果：不符合率为 25.05% 左右。实地考察中发现的主要问题有六个方面。

1. 管理缺失，违章停车、车辆未各行其道等问题凸显

对 13 个市县的测评发现由于管理的缺失，公共场所的违章停车、车辆未各行其道、非机动车逆行、占道经营等问题非常突出。

考察的 49 条主次干道中有 44 条存在违章停车现象，28 条背街小巷中有 27 条背街小巷有违章停车现象，26 个农贸（集贸）市场中有 19 个存在违章停车现象，14 条商业大街中有 13 条存在违章停车现象，

8 家商场超市中有 7 家、8 个景点景区有 1 个均存在违章停车现象。

22 个农贸（集贸）市场、20 条主次干道、8 条商业大街、6 条背街小巷、2 个景点景区、1 家商场超市存在占道经营现象。

考察的 49 条主次干道中有 40 条普遍存在车辆未各行其道现象，26 个主要交通路口全部存在车辆未各行其道现象，14 条商业大街中有 6 条商业大街的车辆未各行其道现象突出。同时，有 17 条主次干道、7 个主要交通路口、6 条商业大街存在非机动车逆行现象。

2. 出租车拒载、宰客，服务不规范问题突出

对 13 个市县的实地考察共涉及 24 辆出租车，测评结果发现：11 辆出租车存在拒载问题，6 辆出租车存在宰客现象，同时还存在未展示行业规范、无机打发票等问题，出租车运营秩序及服务不规范问题十分严峻。

3. 环境脏乱，乱扔垃圾等现象普遍

对 13 个市县的实地考察发现背街小巷、主次干道、农贸（集贸）市场、商业大街等重点点位普遍存在乱扔垃圾、小广告乱张贴涂写等影响环境卫生的问题。

一是乱扔垃圾现象。在 19 条主次干道、10 个农贸（集贸）市场、8 个小区、6 条背街小巷、4 条商业大街、1 家公共图书馆、1 家商场超市发现乱扔垃圾现象。

二是小广告乱张贴涂写现象。在实地测评中发现 14 条背街小巷、14 条主次干道、6 个农贸（集贸）市场、3 条商业大街、2 个小区存在小广告乱张贴涂写现象，影响环境卫生。

4. 基础设施不完善，机非未分离等问题突出

对 13 个市县的 26 个农贸（集贸）市场、28 条背街小巷、26 个小区、26 个社区、49 条主次干道、14 条商业大街、8 家商场超市、8 个景点景区、14 个政务大厅的考察发现：

一是垃圾未分类收集问题。18 个农贸（集贸）市场、12 条背街小巷、12 个小区、10 个社区、4 条主次干道、3 条商业大街、2 家商场超市、1 个景区景点普遍存在垃圾未分类收集的现象。

二是机非未分离问题。无隔离栏现象在 36 条主次干道、9 条商业大街普遍存在，以至于机动车和非机动车在主次干道上混驶，造成道路秩序混乱。

三是未配置公共卫生间或缺少指示牌。根据文明城市测评体系的要求，环境卫生指标要求城乡公共厕所分布合理、保洁及时、无明显异味。但本次考察发现：36 条主次干道、27 条背街小巷、11 条商业大街、3 个农贸市场、2 个商场超市存在无公共卫生间的情况。另外，42 条主次干道、1 条商业大街、1 个景区景点无公共卫生间指示牌。

四是无符合标准的消防设施。16 个小区、14 个农贸市场、14 个社区、1 个政务大厅、2 家商场超市存在无符合标准的消防设施的问题，特别是无消防记录卡、无定期检查记录问题多发。

5. 窗口行业服务有待提高，学雷锋志愿服务站点不完善

在 13 个市县实地考察的宾馆饭店、商场超市、集贸市场、医院、公园、出租车等窗口服务行业，发现 19 个农贸（集贸）市场、8 辆公交车、8 家医院、7 辆出租车、6 家商场超市、6 个政务大厅、3 家宾馆

饭店的共同问题是未在显著位置展示行业规范，包括未展示行业规范、标题不正确等不规范问题。

26个社区中有20个、14个政务大厅中有12个、13家医院中有10家、8个景点景区中有2个存在学雷锋志愿服务站建设不完善的问题，主要集中在无志愿者、无服务项目的公示，还包括无服务记录、服务项目公示未上墙等。

6. 五大活动室建设不到位，管理制度不齐全

对13个市县的实地考察的26家社区（行政村）综合文化服务中心及26个社区发现：23家社区（行政村）综合文化服务中心、16个社区的五大活动室设置存在较多问题，主要体现在无五大活动室（包括共用1间）、五大活动室的管理制度不齐全以及制度未上墙公示等。

五、对深化海南省文明城市创建的建议

针对2019年测评发现的问题，提出深化海南省文明城市创建的五点建议。

（一）高位统筹，加大投入保障

一是13个市县的各级领导都要进一步加强对创建工作的重视，认真统筹推进创建工作。多年来各地文明城市创建的良好经营充分表明：坚持高位推动，是确保一切文明城市创建工作有序开展的基础。

二是要加大投入保障。各市县要完善创建工作全国文明城市投入保障机制，加大对创建工作的财政投入，特别是这次考察中发现的公共卫生间设立、道路机非分离隔离栏、分类收集垃圾桶、消防设施等

必须确保有一定的财政投入进行建设、维护及优化，从而保障文明城市创建实现共建共享。

（二）对创建重点难点问题，强化日常监管

对 13 个市县的实地考察发现公共场所的问题主要集中在缺乏管理所致的秩序混乱，同样的管理不完善也影响了窗口单位服务的规范性。对此，必须从加强日常管理入手进行整改。

一是针对主次干道、背街小巷、农贸（集贸）市场、商业大街、商场超市等公共场所最为突出的违章停车问题及占道经营问题，要明确监管责任主体，对违规现象严管严罚。在加强实时管理的同时，还要通过合理规划和积极引导，疏堵结合，化解秩序混乱的难题。

二是针对宾馆饭店、商场超市、集贸市场、医院、公园、出租车等窗口服务行业，重点整治未在显著位置展示行业规范以及学雷锋服务站点建设问题。行业规范的展示问题，特别要注意内容及标题的正确对标。学雷锋服务站点问题，特别要注意的是配置志愿工作人员并且在岗，服务内容要公示要上墙，服务要有记录，这是 13 个市县共同的问题。

三是针对社区综合文化服务中心的五大活动室问题，要做适当投入，完善五大活动室的配置，补上硬件的短板，规范管理，让社区综合文化服务中心能够正常面向百姓提供公共文化服务。

（三）加强出租车运营管理，整治公共交通秩序

本次测评发现，出租车拒载、宰客问题是 13 个市县共同的严峻问题；主要交通路口、主次干道、商业大街的符合率也较低，主要是车辆以及行人未各行其道，非机动车逆行现象普遍。

对此，一是要加强出租车运营管理，重管严罚，重点整治拒载、不打表、乱收费、绕行现象；二是强化主要交通路口管控，确保车辆、行人各行其道，无乱闯红灯、乱穿马路、逆行现象；三是加强宣传引导，强化市民的文明交通意识，营造文明、通畅、有序的交通环境。

（四）整治环境卫生问题，提升百姓幸福感

本次测评发现，13 个市县不同程度地存在环境卫生脏乱的情况，主要集中在农贸（集贸）市场、小区、背街小巷等点位，乱扔垃圾、小广告乱张贴涂写现象较为突出。

这些问题都是与群众利益最息息相关的，针对环境整治问题，一是要及时清理小区绿地、道路、活动场所、停车场等所有公共区域垃圾、烟头等杂物；二是对小区居民楼楼道进行定期清理，确保居民楼楼门内干净整洁，楼道无堵塞；三是重点解决小区特别是无人管理小区存在的垃圾箱（桶）破损不整洁、楼前楼后及楼道内堆放杂物等问题；四是倡导"垃圾减量分类"，生活垃圾分类投放、分类收集、分类运输，进一步提高小区的绿化、美化水平，营造干净、整洁、有序的环境；五是针对背街小巷，要做好有序引导，大力整治占道经营、小广告乱张贴、乱扔垃圾现象；六是对相关的基础硬件设施要进行及时、适当的补充、维护与修缮，从而改善百姓生活环境，提升百姓幸福感。

（五）规范提交，提高网上申报材料的精准性

本次对 13 个市县的网上申报材料测评的失分点主要在三个不规范：一是未对应各项指标上传图片、说明文件、正式发文、统计表格；二是对应指标提交了材料但不能充分体现相关指标要求；三是有三个市

县未在测评工作规定期限内上传材料。材料提交的完整性是精确对标的基础，对此必须从搜集材料阶段开始把关，各个部门要配合材料申报组的工作，需要补的活动、数据及时补上，材料申报组的工作人员必须全面精准根据网上申报材料要求，做好每一条上报材料的说明报告、对应的照片、报纸截图等，提高上传材料的符合率。

此外，各市县还要通过广泛的宣传和潜移默化的教育引导，促进市民文明素质和社会文明程度同步提升；同时，也促进市民对文明城市创建的支持率、满意度、参与度提升，这是实现文明城市创建目标的根本保证。

第十章　海南社会文明大行动的绩效

社会文明大行动是在海南省委、省政府的正确领导下，在刘赐贵书记的亲自推动和关心支持下开展起来的。2018 年以来，海南省委、省政府对社会文明大行动进行了全面的动员和部署，各市县、各部门分解任务，积极投入人力、物力，全省广大干部群众积极参与，形成了强大的合力，公民精神风貌向上向好、城乡环境面貌明显改观、社会文明风尚逐步形成、群众文化生活丰富多彩、海南对外形象显著提升，为高标准高质量建设自由贸易试验区、加快探索建设中国特色自由贸易港创造了良好的社会文明氛围。从测评结果上看，2019 年第三季度社会文明大行动测评综合得分为 76.02 分，比 2019 年第二季度的 74.47 分上升了 1.55 分，提高幅度 2.09%；较 2018 年第三季度的 69.96 分提高了 6.1 分，提高幅度 8.72%。基本实现了"一年取得明显成效、二年上一个台阶"的工作目标。

一、对海南深化改革开放"第二次社会革命"的意义重大

习近平主席在博鳌亚洲论坛 2018 年年会开幕式上指出：改革开放

这场中国的第二次社会革命，改变了中国，也深刻影响了世界。[①]海南因改革开放而生，因改革开放而兴。海南建省办经济特区30年，搭乘国家崛起快车，实现综合实力跨越发展。特别是党的十八大以来，海南以供给侧结构性改革为主线，促进发展提质增效，积蓄了改革强大的发展后劲和内生动力。海南在新时代中国特色社会主义实践中，迈出了新步伐，取得了新成绩。站在新的历史起点上推动社会文明大行动对海南形成全方位多层次的改革开放格局，深化海南改革开放的"第二次社会革命"具有重大现实意义。

（一）营造文明和谐的社会环境是海南全面深化改革开放试验区建设的需要

海南经济特区取得的成就是改革开放以来我国实现历史性变革、取得历史性成就的一个生动缩影。全面深化改革开放进入新阶段，海南新时代改革开放再出发，以更加精准、更加配套、更加革命的举措推动新一轮改革开放，打造更加开放、更有活力、更为国际化的经济特区。中共中央、国务院《关于支持海南全面深化改革开放的指导意见》明确指出全面深化改革开放试验区，要"大力弘扬敢闯敢试、敢为人先、埋头苦干的特区精神，在经济体制改革和社会治理创新等方面先行先试"。从一定意义上说，深入开展社会文明大行动就是海南在体制改革和社会治理创新方面作出的重大实践探索。

海南紧扣社会文明大行动，不断完善公共服务，增加便民利民设

---

① 《开放共创繁荣　创新引领未来》，习近平主席在博鳌亚洲论坛2018年4月10日年会开幕式上的主旨演讲。

施，打造社会治理的海南品牌，推动精神文明与物质文明的协同发展，推动公民文明素质和社会文明程度共同提高。社会文明大行动紧密结合海南具体实际，突出文明城市、文明村镇、文明单位、文明家庭、文明校园五大文明创建活动，突出九个专项行动，更加突出软环境建设，突出文明社会风尚建设，不断提升城乡环境面貌和居民精神风貌，为海南全面深化改革开放试验区建设实现跨越赶超营造海南岛全域和谐有序的"社会文明生态系统"、文明向上的社会环境。

（二）打造国际一流的营商环境是海南建设中国特色自由贸易港的需要

党中央着眼国际国内发展大局，统筹考虑、科学谋划海南全岛建设自由贸易试验区（港），既是赋予海南经济特区改革开放新的重大责任和使命，也为海南深化"第二次社会革命"注入了强大动力。海南自由贸易试验区（港）建设迎来了实现海南物质文明大发展的历史机遇期。全球自由贸易港形态多样，纵观世界各港成功经验，开放自由程度高、海关监管便利、政策优惠普遍是基本特征。因此，公平开放统一高效的市场环境必不可少，法治完善化、贸易国际化、政策便利化的国际一流营商环境必不可少。打造国际一流营商环境是一项浩大的系统工程，涉及自然生态、政务生态、产业生态、法治生态、社会生态等方方面面。深入开展社会文明大行动，进一步培育市场意识、规则意识，加大知识产权保护力度，大力转变政府职能并加强政务诚信建设，建设全省"一网三库一平台"并加强信用基础建设，推进商务诚信、社会诚信和司法公信建设并加快建立覆盖全社会的征信体系，加强诚实守信宣传教育并构建诚信建设奖惩长效机制，问题导向意识鲜明，谋划未来意义深远，为自由贸易区（港）全力提供国际一流的营商环境。

（三）创造文明友善的旅游环境是海南建设国际旅游消费中心的需要

海南是我国最大的经济特区和唯一的热带岛屿省份，国际旅游岛是海南的一张重要名片。推动海南建设具有世界影响力的国际旅游消费中心，是高质量发展要求在海南的具体体现。海南国际旅游岛建设离不开国际先进理念对旅游资源的保护和开发，也离不开文明友善的旅游环境。推动社会文明大行动，进一步完善旅游基础设施和服务设施，开发特色旅游产品，规范旅游市场秩序，全面提升海南旅游管理和服务水平。加强公民旅游文明素质教育，把提升公民旅游文明素质贯穿到为游客服务的各个环节，建立旅游文明长效机制，提升旅游服务国际化水平。创造文明友善旅游环境，使海南成为我国旅游业改革创新的试验区，休闲度假旅游目的地，让国际旅游岛这张名片通过社会文明大行动更加出彩。

（四）塑造绿色宜居的生态环境是海南建设国家生态文明试验区的需要

生态文明建设事关中华民族永续发展和"两个一百年"奋斗目标的实现，海南地理位置独特，拥有全国最好的生态环境。海南建设国家生态文明试验区，可为全国生态文明建设探索经验。生态文明离不开社会文明的发展，生态文明示范区建设要有社会文明大行动的强力支撑。环境治理行动是社会文明大行动的重要一项。

通过牢固树立和全面践行绿水青山就是金山银山的理念，"生态兴则文明兴"的生态文明观，将生态文明教育摆上素质教育的突出位置来提高生态文明意识；通过生态文明建设示范区、文明生态村、卫生（健康）市县创建，建立生态文明建设正向激励机制，构建全民参与生态文明建设的绿色行动体系，推动形成绿色生产方式和生活方式，建立健全生态环境整治机制，广泛开展爱国卫生运动，营造整洁优美的生产生活环境；通过环境卫生整治，加快推进大气污染防治行动计划，加快实施大气、水污染和土壤污染防治行动计划和城乡环境综合整治专项行动等加强生态环境整治，把海南建设成人与人、人与自然和谐共处的美丽家园。海南以社会文明的具体行动，保卫山美水美、绿色宜居的生态环境。

二、海南建设经济特区奠定社会文明大行动的基础

（一）经济特区建设促进物质文明发展

海南，因改革而生，因开放而立。海南的改革发展问题始终是和开放大局相融合的，从 1988 年中央筹建海南建省办经济特区，三十多年的改革开放，使海南这个国防前哨、边陲海岛成为改革开放的前沿和重要窗口。海南建省办经济特区，按照中央的要求确立"以大开放带动大改革、以大改革推进大发展"的方针，以"闯海人"的激情，革除阻碍发展的体制机制弊端，实现综合实力跨越发展。全省地区生产总值从 57.2 亿元增长到 4462.5 亿元，产业结构持续优化，按照当年价格计算，海南 2017 年 GDP 总量是 1987 年的 77.9 倍，人均 GDP 是

1987年的52.4倍，2018年海南省人均GDP为5.20万元。[①]

经济特区探索改革创新之路：在全国率先开展省域"多规合一"改革，成立省和市县规划委员会；持续深化"放管服"和商事制度改革，开展园区"极简审批"改革试点，建成全省"一张审批网"；从评选"生态文明村"到建设"国际旅游岛"，构建绿色GDP考核体系；新一轮农垦改革实现政企分开；司法体制改革在全省法检系统全面铺开、一次到位；整合建立全省统一的"12345"政府综合服务平台，城市管理质量和水平有效提升。特别是党的十八大以来，海南以供给侧结构性改革为主线，促进发展提质增效，积蓄了改革强大的发展后劲和内生动力。

（二）经济特区建设促进海南教育文体卫生事业不断发展

1.教育事业水平稳步提升，文明校园建设稳步开展

海南完成"全面改薄"任务，确保所有市县通过国家义务教育均衡发展评估认定。新建、改扩建幼儿园30所，提高普惠性幼儿园覆盖率，加快普及高中阶段教育，优化调整中等职业学校布局结构。继续实施"一市（县）两校一园"引进工程，新增4所特殊教育学校并实现招生。着力解决"择校热""大班额"等突出问题。

以海南大学国家一流学科建设为引领，加强热带农林、热带海洋、热带医学、国际旅游等特色高校学科建设，扩大教育对外开放。推进高等学校考试招生制度改革试点。加强教师队伍建设，深入实施"好

---

① 数据来自2018年国家统计局。

校长好教师培养工程"，全面落实乡村教师支持计划，建设校长教师工作室 70 个，培养骨干校长教师 1100 名，培训乡村小学教师 3000 名。加强学校体育、卫生、艺术、海洋、生态、科技、安全、国防等教育，建设 5 个中小学生安全应急综合演练基地，落实中小学生游泳普及教育措施，力争平均每个乡镇有一个简易游泳池。不断提升学生全面素质，让健康阳光、好学上进、勤劳诚信、文明朴实成为海南学生的特色印记。

2. 医疗卫生服务体系不断健全、服务能力不断增强

协调推进"三医"联动改革，深化公立医院综合改革，以医疗联合体和家庭医生签约服务为抓手，推进分级诊疗。推动省儿童医院、东部精神卫生中心等新建项目正式运营，筹建省健康职业学院，启动省中医院新院区、省第五人民医院新院区等项目建设，推动热带病研究中心等落地。实施基层卫生服务机构标准化建设样板工程和乡村卫生院（室）全面提升工程。强化疾控机构标准化、妇幼服务体系和精神卫生服务体系建设，巩固扩大传染病防控成果。实施优生优育工程，完善计生服务管理，加强地中海贫血等筛查，提高出生人口素质。扩大妇女常见病、乳腺癌、宫颈癌免费筛查，妇女常见病定期筛查率达到 60% 以上，加强基层医疗机构中医药服务能力建设。

3. 公共文化体育事业惠民利民，满足群众精神文化需求

着力推动文艺事业繁荣发展。2016 年出台了《中共海南省委关于推动全省文艺事业繁荣发展的实施意见》，制定和完善了《海南省优秀精神产品创作生产传播项目奖励办法（试行）》。设立省级文艺评奖平

台"南海文艺奖"。设立省文化产业发展资金。积极开展"中国梦"主题文艺精品创作。加大地方传统文化传承保护与挖掘力度。组织开展海南历史文化和民间艺术资源深度调研，制定了《海南文化工程重点项目建设规划》并颁发实施，一批文艺作品制作并获奖。不断加大公共文化建设投入。

海南着力推进公共服务标准化、均等化建设，覆盖城乡的公共文化服务设施网络基本建成。省图书馆、省博物馆、省歌舞剧院相继建成并投入使用，省民族博物馆改扩建主体工程完成，国家南海博物馆项目有序推进。扎实开展"六大文化惠民工程"建设，全省建成乡镇综合文化站、行政村（社区）活动室、公共电子阅览室建设有序开展，为60多万户农村群众实施广播电视村村通、直播卫星户户通工程，满足广大群众的精神文化需求，实现文化发展成果由人民共享。

2018年年末全省共有各类艺术表演团体（含社会民营团体）77个、文化艺术馆23个、博物馆19个、公共图书馆24个。全省有线电视用户132万户，比2017年下降5.8%。广播电视台20座，广播综合人口覆盖率和电视综合人口覆盖率分别达99.05%和99.07%。全省共有报社17家，杂志社42家，全年出版报纸2.04亿份、杂志734万册、图书6344万册。①

海南深入实施文化惠民工程，推进省音乐厅、美术馆、图书馆二期等场馆立项建设，新增公共文化服务设施面积12万平方米，提升城

---

① 2018年海南省国民经济和社会发展统计公报。

乡公共文化设施建设管理服务水平。创作和引进高水平文艺精品，新建旅游演艺项目 12 个，推进旅游演艺加快发展。加强文物保护利用和文化遗产保护传承，办好"欢乐节""三月三"等活动，弘扬琼剧、儋州调声、临高木偶戏、黎苗歌舞等传统文化。办好南海佛学院，促进与南海周边国家佛教文化交流。实施"文物＋旅游"三年行动。落实全民健身国家战略，推进大众田径场、足球场、休闲步道等公共体育服务设施建设和免费开放，建设城市 15 分钟体育生活圈。加快发展文化体育产业，引进国内外知名影视企业总部，办好国际赛事活动，打造亲水运动季活动品牌，促进体育旅游融合发展。

（三）经济特区建设提高了海南国际旅游岛品质

进入 21 世纪，海南的经济特区建设迎来了新的发展机遇。《国务院关于推进海南国际旅游岛建设发展的若干意见》，明确要求把海南建设成为中国旅游业改革创新的试验区、世界一流的海岛休闲度假旅游目的地、国际经济合作和文化交流的重要平台、南海资源开发和服务基地、国家热带现代农业基地。这是国家赋予海南国际旅游岛建设的战略定位。

习近平总书记在 2013 年视察海南时指出："当前和今后一个时期，海南发展的总抓手就是加快建设国际旅游岛。"①海南充分发挥这一最强比较优势，紧紧抓住这一难得的历史机遇，认真贯彻落实中央决策部署，国际旅游岛建设迈出坚实步伐，取得重大成就。

---

① 新华网：《指导海南发展，习近平说了这些金句》，2018 年 4 月 12 日。

国际旅游岛上升为国家战略 8 年来（2010—2017 年），迈上两个千亿元台阶，2017 年 GDP 达到 4462.5 亿元，是 2010 年的 2.2 倍。2013—2017 年，年接待游客总人数从 3320.4 万人次跃升到 6745 万人次，旅游总收入从 379.1 亿元增长到 812 亿元，年均分别增长 11.5% 和 15.4%，2017 年入境游客人数突破 100 万人次，2018 年入境游客人数达到 133 万人次。

如今的海南，已远不止椰风海韵，碧浪白沙。海南不断优化旅游供给，提升产品品质，以满足中外游客日益增长的需求。从环岛高速公路到环岛高铁，从国际机场到国际邮轮母港，从客栈民宿到五星级酒店，海南的基础设施和公共服务日益完善；从传统滨海旅游到邮轮游艇旅游，从免税购物游到低空飞行游，从高尔夫游到房车露营游，海南的旅游产品越来越丰富多元。随着海南国际旅游岛的建设，"阳光海南、度假天堂"的形象逐渐深入人心，海南越来越受到中外游客青睐，文明旅游环境得到极大改善。

（四）经济特区建设促进生态文明大进步

海南是海洋大省，是我国唯一的热带省份，地理位置独特，拥有全国最好的生态环境。海南省一直坚定走人海和谐、合作共赢的发展道路，提高海洋资源开发能力，加快培育新兴海洋产业，坚持走出一条人与自然和谐发展之路，实施乡村振兴战略，发挥热带地区气候优势。海南把生态环境保护放在最优先位置，实行最严格的生态环境保护制度。

海南在三十多年的经济特区建设中，不断完善环保体制机制，出台并实施大气、土壤、水等相关法律法规十条，取消 12 个生态敏感区市县地区生产总值考核，国家重点生态功能区转移支付实现省域全覆盖，制定实施生态环境责任追究和环境保护督察制度。大力开展生态环境六大专项整治，绿化宝岛大行动造林近 200 万亩，完成生态修复 22.2 万亩，三沙岛礁种植苗木 315 万株，全省森林覆盖率达到 62.1%，森林质量不断提高，生物多样性得到很好保护；全面建立河长制，开工治理 64 条城镇内河 (湖)，启动 168 个建制镇污水处理设施建设，河道非法采砂得到遏制；实施大气污染防治专项行动，空气优良率保持 99% 以上。大力发展热带现代农业，使海南成为全国冬季菜篮子基地、热带水果基地、海南繁育制种基地、渔业出口基地和天然橡胶基地。海南生态环境是大自然赐予的宝贵财富，海南对青山绿水、碧海蓝天的大力保护使海南的生态文明建设取得较大进步。

三、海南社会文明大行动的水平测评

根据海南省委省政府关于开展社会文明大行动的部署，按照省文明办的要求，2018—2019 年全省先后开展了六次社会文明大行动测评。测评结果表明，海南的社会文明大行动第一年取得了预期成效：贯彻落实习近平新时代中国特色社会主义思想全面推进，中国优秀传统文化广泛弘扬，城乡环境面貌焕然一新，全省社会文明程度大幅提升。2018 年第三季度全省社会文明程度综合指数达到了 75.01 分，比第二季度的 69.96 分提高了 5.05 分，比第一季度的 60.58 分提高了 14.43 分，提高幅度达到 23.82%。

2018 年海南省文明城市创建水平得分为 77.08 分，比 2017 年的 70.65 分提高了 6.43 分，提高幅度为 9.10%；2019 年第三季度社会文明大行动测评综合得分为 76.02 分，比 2018 年第三季度的 69.96 分提高了 6.1 分，提高幅度为 8.72%。

海南的社会文明大行动和文明城市创建，全民动员、人人参与，以"社会文明"和"市民素质文明"的提高，促进自由贸易区、贸易港建设，促进"三区一中心"战略落实的新局面，为美丽中国海南新篇章的谱写增光添彩。

（一）为中国特色自由贸易港建设创造了安全的政治环境

立足中国特色社会主义新时代的海南"社会文明大行动"，明确全省的"五大创建"活动和"九大"专项行动，要以"社会主义核心价值观工程"为引领，干部群众在培育和践行核心价值观工程建设中，坚持自贸区、自贸港建设的政治方向，夯实政治根基。

2018 年以来，全省把学习习近平新时代中国特色社会主义思想作为党委和政府的首要政治任务，用习近平新时代中国特色社会主义思想武装党员干部，引导党员干部在自贸区、自贸港建设中增强"四个意识"、坚定"四个自信"、做到"两个维护"。各市县还在深入开展社会主义核心价值观宣传教育，引领广大干部群众在投身美好新海南建设实践中形成有自信、尊道德、讲奉献、重实干、求进取的新风貌。各市县在各类公共场所营造贯彻落实中国特色社会主义思想、培育和践行"核心价值观"的公益广告氛围，依托公共场所、政务大厅、图书馆、博物馆以及基层文化活动设施等，广泛开展核心价值观宣传，为海南中国特色自由贸易港建设，涵养政治生态、永葆政治本色、夯实政治根基。

（二）为海南中国特色自由贸易港建设创造了公正的法治环境

一年来，全省的社会文明大行动，深入学习宣传习近平总书记关于全面依法治国的重要论述，积极开展宪法以及与群众生产生活密切相关的法律法规的学习宣传，增强全社会普法学法守法用法意识。2018年第四季度全民法治宣传教育的普及率达到了80.1%，比年初的71.5%提高了8.6个百分点；2019年达到了80.7%，比2018年提高了0.6个百分点。各市县还通过妇女、老年人、残疾人权益保障，未成年人宣传保护等相关法律法规宣传，维护特殊群体的合法权益。

全省积极推进中国特色自由贸易港的营商法治环境建设。营商的法治环境最根本的是营商的社会信用。2018年以来，各市县广泛开展诚信示范街、诚信示范店创建活动，构建诚信建设奖惩长效机制，"诚信践诺"的水平不断提升，2018年第三季度的"诚信践诺"行动得分为78.21分，比第一季度的66.3分提高了11.95分；2019年第三季度"诚信践诺"行动得分为82.93分，比2018年第三季度的78.21分提高了4.72分，提升幅度为6.0%。海南的"诚信践诺"行动走出了一条通过加快建设海南特色、国内先进、与国际接轨的信用体系，进而为海南建设中国特色自由贸易港营造国际一流诚信营商环境的新路。

为了给海南中国特色自由贸易港建设创造公正的法治环境，全省的社会文明大行动突出依法治国和以德治国相结合，并落实到立法、执法、司法、普法和依法治理各个方面。通过广泛开展市民公约、村规民约、学生守则、行业规范守则教育实践活动，形成有利于以核心价值观引领中国特色自由贸易港建设的法治环境。可以说，两年来的社会文明行动，实现了预期目标：促进核心价值观入法入规工作取得重要进展。

（三）为中国特色自由贸易港建设创造了健康向上的人文环境

2018 年以来全省开展的文明城市、文明乡镇等"五大创建"活动，为海南中国特色自由贸易港建设创造了健康向上的人文环境。一年来，各市县的"五大创建"活动贯彻落实《海南省培育和践行社会主义核心价值观实施方案》，弘扬海南经济特区建设中孕育和锤炼出来的"敢闯敢试、敢为人先、埋头苦干"的特区精神，展示特区干部群众的精神风貌。各市县围绕"颂祖国、唱海南、赞好人"等主题，组织文化传播志愿者，以歌舞、戏剧、小品等方式宣传特区人、特区精神。依托"百姓讲演台"，在基层定点定时、通俗生动地宣传核心价值观。编排、创作群众喜爱的琼剧、木偶戏、"哩哩美"等民俗文化节目下乡展演，让群众在欢乐中接受核心价值观熏陶，引导干部群众形成与特区精神风貌一致的"价值追求"。

2018 年以来，海南通过文明排队、文明观赏、文明待客、学礼守礼等主题实践活动，引导市民争做"文明有礼海南人"，用中国传统文化中的"礼"，展现海南人民"崇德有礼"的良好形象和文明风范，助力海南自由贸易试验区（港）建设。

（四）为海南打造世界知名国际旅游消费中心创造了文明和谐的社会环境

2018 年以来，围绕海南中国特色自由贸易港建设的战略定位：国际旅游消费中心建设，开展社会文明大行动。海南省文明委在贯彻落实中央文明委《关于进一步加强文明旅游工作的意见》，以及国家发改委有关《海南省建设国际旅游消费中心的实施方案》的过程中，通过"文明旅游""志愿服务""文化惠民"等行动，打造有温度的文明友善的国际旅游岛，为世界知名国际旅游消费中心创造文明和谐的社会环境。

两年来，全省广泛开展"文明旅游""志愿服务"行动，通过"文明旅游景区""文明旅游酒店""文明旅客"等评选，引导海南的"文明旅游"志愿者，在机场、车站、景区景点等公共场所，开展形式多样的文明旅游服务，热忱服务八方来客，让游客不断增添宾至如归的感受，展示海南国际旅游岛的文明形象。同时，各市县还通过完善旅游基础设施，开发特色旅游产品，规范旅游市场秩序，建立文明旅游的"红黑名单"制度，建立文明旅游的长效机制，把提升公民旅游文明素质贯穿到为游客服务的各个环节，进而全面提升旅游服务国际化水平。从 2018 年对各地开展的"文明旅游"测评中也可看到："文明旅游"国际化水平的得分，第三季度为 74.60 分，比第一季度的 66.92 分提高了 7.7 分；2019 年"文明旅游"国际化水平的得分，第三季度为 78.24 分，比 2018 年第三季度提高了 3.64 分，提升幅度为 4.9%。

值得注意的是：各市县的"文明旅游"还注重挖掘海南旅游文化内涵，把文化与自然资源结合起来，把旅游与"文化惠民"结合起来，促进海南国际旅游岛旅游消费。各地开展贬官文化、织锦文化、黎苗文化、移民文化、州府文化等海南的特色文化旅游，围绕民族风情游、探险游、人文古迹游、温泉度假游、乡村游、康体娱乐游等等，建设一批面向国际市场的旅游精品项目，把"对标国际"作为旅游开发建设的指针，自觉融入旅游产品建设、运营、管理，推动国际旅游消费中心建设。

2018年以来，各市县为了给"文明旅游"打造便捷的出行环境，积极开展"文明交通"行动。各市县大力整治交通秩序，广泛开展"礼让斑马线、文明我点赞""文明在路上、友爱在车厢"等文明出行活动。2018年第三季度的"文明交通"行动测评为82.21分，比第一季度的69.8分提高了12.37分，文明交通行为在全社会蔚然成风，"文明交通"为"文明旅游"增光添彩。

（五）为海南中国特色自由贸易港建设创造了绿色宜居的生态环境

2018年以来，全省广泛开展环境治理行动、文明教育行动，引导干部群众树立"绿水青山就是金山银山"的理念、"生态兴则文明兴"的生态文明观，将生态文明教育摆上素质教育的突出位置，不断提高生态文明意识。各市县的社会文明大行动还以前些年开展的"绿化宝岛"行动，海南近2万个生态文明村为基础，构建全民参与生态文明建设的绿色行动体系，推动形成绿色生产方式和生活方式，建立健全生态环境整治机制，营造整洁优美的生产生活环境。

各市县通过环境治理的"专项"整治行动，整治城乡"脏乱差"，广泛开展城乡清洁美丽家园、清洁田园、清洁水源行动，扎实推进城乡净化、绿化、彩化、亮化、美化"五化"建设。通过推进大气污染防治行动计划，加快实施大气污染、水污染和土壤污染防治行动计划，不断优化城乡环境质量和居民的生活品质，营造和谐宜居的绝色家园，第三季度"环境治理"的水平为77.46分，比第一季度的61.05分提高了16.4分。

当今，绿色宜居的生态环境开始成为海南市民的普遍追求。在机场、车站、码头、景区景点和各类公共场所，"乱停放""乱穿行""乱扔杂物""乱吐痰"等不文明现象明显减少。党员、机关干部以及企事业单位的志愿者，除了积极参加各地"环境治理"的社会文明大行动之外，还经常因地制宜地参加所在街道、乡镇的各种环境和社会秩序的乱象整治，助力城市"和谐有序"社会环境的打造，贡献志愿服务的力量。海南以社会文明大行动的实践，保卫山美水美、绿色宜居的生态环境，扎实推进了海南建成人与人、人与自然和谐共处的"和谐宜居"的绿色家园。

2018年以来，全省的社会文明大行动以"人民满意"为取向，不断提升民生幸福感。2018年以来的社会文明大行动，各地党委政府不断加强对社会文明大行动的组织领导，各市县都成立了"一创两建"和"双创"指挥部等组织领导机构，加大对社会文明大行动的统筹领导，社会文明大行动坚持为民、惠民、利民、靠民、不扰民的宗旨。各地不断加大民生项目的投资，改造小街小巷、打造15分钟便民生活圈、改造提升农贸市场，完成一批基层综合文化站、文化服务中心建设。社会文明大行动聚焦妥善解决老百姓的投诉、就业、上学、看病、住房、出行等问题，将社会文明成果物化、固化，让市民生活更有品质，更有获得感、幸福感。所以，在2018年三个季度对社会文明大行动满意度的调查，市民的满意率从 75.8% 上升到 83%；2019 年第三季度达到了 89%。

四、深化社会文明大行动还存在的问题

2018 年以来全省的社会文明大行动以及文明城市创建，主要存在以下五个方面的问题。

（一）还未能站在为自由贸易港建设创造政治环境的高度认识社会文明大行动

从 2018 年三个季度对"加强组织领导"的测评看，除了少数市县把社会文明大行动作为改作风、增本领、强队伍的重大任务，坚持高位统筹推进之外，不少市县还缺少投入保障，缺少高位统筹，缺少督促整改的举措，停留于一般的应对迎检。

由于各市县对社会文明大行动重视程度的不同，原有的基础、推进工作的力度不同，18 个市县的社会文明呈现三个梯队层次的水平。

第一梯队："海口市""三亚市"两个地级以上城市，均已达到 85 分以上。

第二梯队：由"昌江县""乐东县""琼海市""琼中县""儋州市""文昌市""澄迈县" 7 个市县组成。"昌江县"领跑，这 7 个市县的社会文明大行动的得分均在 75 分以上。

第三梯队：由"万宁市""定安县""屯昌县""临高县""白沙县""陵水县""东方市""洋浦经济开发区""保亭县""五指山市" 9 个市县和 1 个经济开发区组成，这些市县和开发区社会文明大行动推进情况，

较前两个季度测评结果虽均有不同程度提升，但仍处于 60 分的较差状态。

2019 年第三季度社会文明大行动的测评结果表明：三个梯队的大格局未变，但是，第二梯队的平均得分为 78.22 分，比 2018 年第二梯队的 75 分提高了 3.22 分；第三梯队的平均得分为 63.81 分，比 2018 年第三梯队的 60 分，提高了 3.81 分。这说明经过两年的社会文明大行动，各市县的社会文明程度有了普遍的提高。

（二）提供优质服务环境方面的问题还较突出

从 2018 年以来社会文明大行动和创建文明城市的测评看，各市县社会服务方面的主要问题：一是出租车、公交车存在长时间等候无车，以及拒载、宰客等现象。对 18 个市县和 1 个经济开发区出租车 114 个项目测评，结果发现不符合率高达 77.19%；公交车的不符合率达到了38.42%。二是集贸市场（农贸市场)存在无公益广告，乱停乱放等问题。18 个市县和 1 个经济开发区集贸市场（农贸市场）测评结果：除了"三亚市""海口市""定安县""琼中县"之外，其他市县（开发区）符合率在 60% 以下。三是长途汽车站存在无汉英标识牌，无学雷锋志愿服务站点等问题。18 个市县测评结果：9 个市县符合率在 60% 以下，最低的符合率仅为 33.33%。四是医院存在未公示行业规范，学雷锋服务站点无志愿者等问题。18 个市县测评结果：除了"海口市""琼中县"的符合率高于 60% 之外，其他 16 个市县均低于 60%。五是志愿服务行动总体水平有待提升。18 个市县"志愿服务行动"得分也普遍较低，平均分仅有 66.55 分。

优质的服务环境需要城市提升精细化管理水平。但是，各市县仍存在车辆未各行其道、主要交通路口机动车及行人闯红灯现象。2018年第三季度对 18 个市县 57 个主要交通路口的测评发现：不符合率为23.86%，第三季度的不符合率已较第二季度 39.91% 下降了 16.05%。2019 年第三季度主要交通路口的不符合率为 22.32%，比 2018 年第三季度的 23.86% 下降了 1.54 个百分点。这不仅表明了提高路口符合率的难度，也说明社会文明大行动对于破解路口不文明现象的成效明显。

（三）提供绿色宜居的生态环境方面短板明显

各市县环境方面的主要短板：一是部分市县的背街小巷存在环境卫生不整洁、有流动摊贩、餐饮业有油烟、有露天烧烤等问题；二是居住小区环境不整洁、垃圾未分类收集、垃圾箱房脏、破损等问题突出；三是建筑工地存在环境不整洁、无符合标准的消防设施等问题；四是部分市县城郊接合部的环境脏乱差问题很突出；五是公民环境保护意识较为薄弱，部分市县市民在公共场所随地吐痰、乱扔垃圾，出租车、公交车上市民乱抛垃圾现象经常可见。

（四）提供公共文化设施方面还存在不少问题

从对各市县"文化惠民"行动的测评看，重点考察街道、社区统筹建设综合文化站和综合文化服务中心开展教育活动等情况，发现的问题有：一是无社区晨晚练体育活动点，部分社区文体活动设备被损坏、被侵占；二是部分市县社区综合文化服务中心未开展宣传文化、党员教育、市民教育、科普教育、普法教育等活动；三是大部分市县无社区文化活动场所，或存在未正常向居民开放现象；四是个别市县未开展六大文化惠民活动。

（五）"诚信践诺"水平还较低，不利于海南打造一流营商环境

2018 年以来，18 个市县诚信践诺行动的问题主要表现在：一是行政许可、行政处罚"双公示""红黑名单"发布制度未建立；二是大部分市县在商场超市、集贸市场、诚信示范街（店）等区域无诚信主题公益广告宣传；三是部分市县未开展诚信经营示范店的创建活动；四是部分市县政务大厅不能上网查询互联互通的信用信息。

五、围绕"三区一中心"战略定位，深化社会文明大行动

根据省委领导关于贯彻落实好习近平总书记"4·13"重要讲话和中央 12 号文件精神，围绕"三区一中心"战略定位，为海南中国特色自由贸易港建设创造安全的政治环境、稳定的社会环境、公正的法治环境、优质的服务环境的要求，提出 2020 年的社会文明大行动和文明城市创建的建议。

（一）坚持高位统筹，切实加强社会文明大行动的领导

社会文明大行动作为提升社会文明程度的有效抓手，并非一朝一夕之事，而是一个长期坚持、久久为功的过程。为此，各市县各部门各单位主要领导要切实履行社会文明大行动第一责任人职责，把社会文明大行动作为创造中国特色自由贸易港建设政治环境，谱写美丽中国海南新篇章、争创中国特色社会主义生动范例的高度来认识，既要当好组织者、领导者，又要当好践行者、推动者。要紧紧结合"勇当先锋、做好表率"专题活动的要求，坚持不懈、埋头苦干、担当作为，

2019年再上一个新台阶。2020年的社会文明大行动，各市县领导要真部署、真投入、真组织、真参与、真整改，切实有效地推进社会文明大行动。

（二）立足推动海南建设具有世界影响力的国际旅游消费中心的高度，推进文明交通、文明旅游大行动

国际旅游岛是海南省的一张重要名片。推动海南省建设具有世界影响力的国际旅游消费中心，是新时代高质量发展要求在海南的具体体现。海南要在不断提升国际旅游岛品质的同时，营造具有世界影响力的便捷出行、消费购物、娱乐休闲和旅游服务的"软环境"。所以，海南必须持续不断地开展文明交通和文明旅游大行动。

"文明交通"行动方面：一是要广泛开展"礼让斑马线、文明我点赞"等文明出行活动，使礼让斑马线成为海南一道亮丽风景；二是聚焦行人闯红灯、不文明驾驶等各类交通陋习，加强宣传教育，对扰乱运营秩序的车辆要严管重罚；三是整治非法运营的"黑车"，规范出租车运营市场，深化出租车争做文明使者活动；四是严查违法停车、违章变道等交通违法行为；五是根据各市县实际开展文明交通行动，把城市的精细化治理纳入法制轨道。

"文明旅游"行动方面：一是机场车站、酒店旅行社等，要结合行业特点开展文明导游、文明旅游接待以及公民旅游素质教育；二是在主要道路、机场、景区景点等，设置清晰规范的汉英标识牌，推进外语会话培训教育进机关、进企业、进校园、进军营、进网站，营造旅游国际化氛围；三是抓好旅游厕所建设，让厕所革命成为海南国际旅

游岛的一个亮点。

（三）着眼打造中国特色自由贸易港的安全法治环境，加大"文化惠民行动""诚信践诺行动"和"志愿服务行动"力度

安全的法治环境、优质的服务环境是海南对外展示"三区一中心"的中国风范、中国气派、中国形象的靓丽名片，也是党和国家对海南全面深化改革开放试验区建设、争创中国特色社会主义生动范例的高度期待。但从海南各市县社会文明程度与市民文明素质的整体情况来看距离目标还有不小差距。所以，必须坚定不移地贯彻落实海南省委省政府关于社会文明大行动的部署，持续推进文化惠民、诚信践诺、志愿服务等行动。

"文化惠民"行动是提升海南人民文化素养的重要抓手。因此，要着力提高市县图书馆、文化馆基础设施达标工作，广泛开展"六大文化惠民活动"，提高群众知晓率，让文化活动惠及更多人民；进一步完善街道、社区综合文化服务站（中心）基础设施建设，大力开展宣传文化、党员教育、市民教育、科技普及、普法教育等活动。

"志愿服务"行动是展示海南精神的一道风景。应大力做好重点窗口单位的学雷锋志愿服务站点的建设及志愿者服务常态化，推动志愿服务项目化运作，加大志愿服务专业人才培养力度，推进志愿服务制度化。

"诚信践诺"行动既是一个城市社会文明的标志，又是海南打造中国特色自由贸易港营商法治环境的核心要素。各市县要重点进行信用信息体系建设，推动查询"红黑名单"便利化，构建诚信建设奖惩长

效机制，推进"信用海南"建设。广泛开展诚信示范街、诚信示范店创建活动。

（四）立足"三区一中心"战略定位，形成常态长效的社会文明大行动机制

从 2018 年以来社会文明大行动测评成效看，处于第一梯队的"海口""三亚"之所以能达到 80 分以上的水平，在于这两个城市已形成了常态长效的社会文明大行动工作机制。

为此，一是要形成社会文明大行动的领导机制。各市县党委政府对照社会文明大行动目标任务和工作要求，将社会文明大行动纳入本地经济社会发展总体规划，明确各市县年度工作目标和任务。二是要形成社会文明大行动工作的考评机制。要把社会文明大行动考核结果纳入各市县各部门党政领导班子和领导干部综合考核评价指标体系，作为干部任用、奖惩的重要依据，推动各级党组织把社会文明大行动作为"硬任务""硬指标"切实抓紧抓好，抓出实效。三是要形成社会文明大行动的社会动员机制。社会文明大行动的工作任务不仅要压实到单位和基层，而且要通过志愿服务的项目化、专业化运作，动员社会组织参与各类社会文明大行动的志愿服务，形成社会各行各业、各单位、各类社会组织参与社会文明大行动的氛围，在社会文明大行动中不断提高市民文明素质和社会文明程度。

（五）突出社会文明大行动的不同重点，并向海南的乡镇、企事业单位延伸

2020 年海南的社会文明大行动要全面扎实有效的推进，不断提高

国际旅游岛的社会文明水平，当前必须完成以下几项工作。

一是修订 2019 年版《海南社会文明大行动测评体系》及其操作手册。2019 年版《测评体系》是在国家明确海南建设自由贸易区（港）、世界知名国际旅游消费中心的战略定位之前下发的。因此，社会文明大行动根本目标任务，以及测评的"可操作性"还需作出许多修订完善。

二是 2020 年三个季度社会文明大行动的测评，要突出不同的重点，以体现"社会文明大行动"向纵深发展的成效。如第一季度突出"文明交通""环境治理"等四大行动的测评；第二季度突出"文明旅游""诚信践诺"行动的测评。尤其是"文明旅游"要适应国家有关"海南建设世界知名旅游消费中心"的需求，还需要全面系统地研制"海南自由贸易区（港）'文明旅游'标准化体系"，以更全面有效地推进海南的国际旅游岛建设。

三是海南社会文明大行动要进一步延伸拓展到乡镇（村）、机关、学校和企业。根据海南省文明委领导要求，研制《海南省乡镇社会文明大行动测评体系》《海南省直机关工委社会文明大行动考评体系》等，以体现海南社会文明大行动的广泛性。

参考文献

1.［英］阿诺德·汤因比:《历史研究》,曹未风等译,上海人民出版社 1986 年版。

2.［英］安东尼·吉登斯:《现代性的后果》,田禾译,译林出版社 2000 年版。

3. 鲍宗豪、向昆:《当代中国城市文明新模式》,学林出版社 2015 年版。

4. 鲍宗豪:《当代中国文明论》,中国出版集团·东方出版中心 2019 年版。

5. 鲍宗豪:《华夏城市文明论》,中国出版集团·东方出版中心 2019 年版。

6. 鲍宗豪主编:《健康中国研究报告（2019 年）》,中国出版集团·东方出版中心 2019 年版。

7.［美］查尔斯·巴布科克:《云革命》,丁丹译,东方出版社 2011 年版。

8. 程树德撰:《论语集释》,中华书局 2010 年版。

9. 邓纯东主编:《社会建设思想研究》,人民日报出版社 2019 年版。

10.［德］恩格斯:《反杜林论》,人民出版社 1970 年版。

11.［英］菲利普·费尔南多—阿梅斯托:《文明的力量》,薛绚译,新世纪出版社 2013 年版。

12.郝清杰、魏进平:《社会建设新局面》,中国人民大学出版社 2019 年版。

13.［美］赫伯特·马尔库塞:《爱欲与文明》,黄勇、薛民译,上海译文出版社 1987 年版。

14.［美］贾雷德·戴蒙德:《枪炮、病菌与钢铁》,谢延光译,上海译文出版社 2014 年版。

15.焦循撰:《孟子正义》,中华书局 2009 年版。

16.［德］卡尔·雅斯贝斯:《历史的起源与目标》,李夏菲译,华夏出版社 1989 年版。

17.［美］克利福德·格尔茨:《文化的解释》,韩莉译,译林出版社 2014 年版。

18.［英］李约瑟:《文明的滴定:东西方的科学与社会》,张卜天译,商务印书馆 2017 年版。

19.［美］刘易斯·芒福德:《城市发展史》,宋俊岭、倪文彦译,中国建筑工业出版社 2005 年版。

20.［美］路易斯·亨利·摩尔根:《古代社会》,杨东莼、马雍、马巨译,商务印书馆 1977 年版。

21.《马克思恩格斯全集》第 1 卷,人民出版社 2016 年版。

22.《马克思恩格斯全集》第 3 卷,人民出版社 2016 年版。

23.《马克思恩格斯选集》第 3 卷,人民出版社 2013 年版。

24.《马克思恩格斯文集》第 3 卷,人民出版社 2009 年版。

25.［美］马修·梅尔科:《文明的本质》,陈静译,中国社会科学出版社 2018 年版。

26. 苗启明、谢青松、林安云、吴茜：《马克思生态哲学思想与社会主义生态文明建设》，中国社会科学出版社 2016 年版。

27. ［德］诺贝特·埃利亚斯：《文明的进程》，王佩莉、袁志英译，上海译文出版社 2018 年版。

28. 彭华民主编：《民生为本的社会建设》，社会科学文献出版社 2018 年版。

29. ［美］塞缪尔·亨廷顿：《文明的冲突》，周琪等译，新华出版社 2017 年版。

30. 司马云杰：《礼教文明》，华夏出版社 2015 年版。

31. 谭咏梅：《马克思社会建设思想的源流与历程》，知识产权出版社 2019 年版。

32. 王启才译注：《吕氏春秋》，中州古籍出版社 2010 年版。

33. 王文锦：《礼记释解》，中华书局 2001 年版。

34. 魏礼群：《社会建设与社会管理》，人民出版社 2011 年版。

35. 习近平：《决胜全面建成小康社会　夺取新时代中国特色社会主义伟大胜利——在中国共产党第十九次全国代表大会上的报告》，人民出版社 2017 年版。

36.《习近平总书记系列重要讲话读本（2016 年版）》，学习出版社 2016 年版。

37. ［英］约翰·穆勒：《论自由》，孔凡礼译，上海三联书店 2019 年版。

38. 张松辉：《庄子译注与解析》，中华书局 2011 年版。

39. 张维为：《文明型国家》，上海人民出版社 2017 年版。

责任编辑:吴焰东

封面设计:汪　阳

图书在版编目(CIP)数据

海南社会文明发展报告/肖莺子 主编. —北京:人民出版社,2020.11

ISBN 978－7－01－022496－1

Ⅰ.①海… Ⅱ.①肖… Ⅲ.①社会发展-研究报告-海南 Ⅳ.①D676.6

中国版本图书馆 CIP 数据核字(2020)第 182999 号

海南社会文明发展报告

HAINAN SHEHUI WENMING FAZHAN BAOGAO

肖莺子　主编

人民出版社 出版发行

(100706　北京市东城区隆福寺街 99 号)

北京盛通印刷股份有限公司印刷　新华书店经销

2020 年 11 月第 1 版　2020 年 11 月北京第 1 次印刷

开本:710 毫米×1000 毫米 1/16　印张:12.75

字数:140 千字

ISBN 978－7－01－022496－1　定价:50.00 元

邮购地址 100706　北京市东城区隆福寺街 99 号

人民东方图书销售中心　电话 (010)65250042　65289539